이어달리기 동화

'옛날 옛적에'로 시작해서 한 문장씩 교대로 말하며 이야기를 이어나가 보세요. 어떤 기상천외한 이야기가 완성될까요?

 옛날 옛적에 씩씩한 공주님이 살았어요.

어느 날 풀숲에서 황소개구리를 만났어요.

 진짜 황소처럼 음메— 하고 우는 개구리였어요.

 '옛날 옛적에 장화 신은 멋쟁이 여우가 살았어요.'로 재미난 이야기를 만들어 보자.

문해력 놀이

7월

바람 쌩쌩 자동 부채

준비물 색종이 또는 A4용지, 풀

지그재그 아코디언 접기로 부채를 만들어요. 그리고 서로 시원하게 부채를 부쳐주는 게임을 해 보세요.

가위로 이기면 10번, 바위로 5번, 보로 이기면 3번 부치는 거야!

아싸, 내가 이겼어. 더 세게, 강풍!

부모님께 부채질 50번을 해 드리자.

100만 번 산 고양이

사노 요코 글 그림, 김난주 옮김 (비룡소)

백만 년 동안 다양한 사람과 살고 죽었던 고양이를 통해 진정한 삶을 산다는 것이 무엇인지 느끼게 해 주는, 매력적인 얼룩 고양이의 이야기예요.

내가 만약 고양이를 만났다면 어떤 이름으로 불렀을까? 그 이름을 붙여 책을 읽어 보자.

하나 둘 셋 잘잘잘

'잘잘잘'이라는 전래동요를 알고 있나요? 전래동요는 옛날부터 전해 내려오는 노래를 말해요. '잘잘잘'의 노래 가사를 밑줄친 부분만 어울리게 바꿔 보세요.

> 하나하면 <u>할머니가 지팡이를 짚는다고</u> 잘잘잘
> 둘 하면 <u>두부 장수 두부를 판다고</u> 잘잘잘
> 셋 하면 <u>새색시가 거울을 본다고</u> 잘잘잘 …

내가 만든 가사로 '잘잘잘' 노래를 신나게 불러 보자.

다섯 가지 감각

사람은 다섯 가지 감각이 있어요. 눈으로 보는 '시각', 귀로 듣는 '청각', 코로 냄새를 맡는 '후각', 혀로 맛보는 '미각', 피부로 느껴지는 '촉각'이 있어요. 감각을 표현한 문장을 책에서 찾아 써 보세요.

| 청각(귀) | 짹짹거리는 참새, 버스가 빵빵거린다. |
| 후각(코) | 지독한 방귀 냄새, 꽃향기가 향기롭다. |

 보들보들, 매끈매끈 점토로 좋아하는 동물을 만들어 보자.

언제나 이기는 가위바위보

가위바위보를 해서 내가 매번 승리할 수는 없을까요?
잘 생각해 보고 방법을 이야기해 보세요.

상대의 마음을 읽는 독심술을 배운 후 가위바위보를 하는 거야!

묵찌빠를 해 보자. 이제 이기는 법을 알았으니, 내가 당연히 최후의 1인이 되겠지?

모래성 쓰러뜨리기

 모래사장, 깃대(나뭇가지나 아이스크림 막대기)

모래성을 쌓은 후 깃대를 꽂고, 순서를 정해 모래를 빼내요. 깃대를 쓰러뜨리는 사람이 지는 거예요.

집중! 깃대가 쓰러지지 않도록 살살~
에구, 욕심을 부렸더니 바로 쓰러지네.

'두꺼비'를 부르며 모래로 두꺼비집을 지어 보자.

책놀이 문해력   이해력, 창의력

내가 짓는 책 제목

책 제목을 지을 때 작가는 많은 고민을 했겠지만 그래도 독자의 생각은 다를 수 있지요. 책을 읽고 제목을 바꾸어 보세요. 책 제목을 바꾸려면 일단 내용을 잘 알고 있어야겠지요?

『종이 봉지 공주』를 나라면 『용을 물리친 공주』라고 짓겠어. 왜냐하면 …

책의 안쪽 첫 페이지에 내가 지은 책 제목을 쓰고, 표지도 어울리게 그려 보자.

시인처럼 읽어 보자

'동시'는 어린이의 마음을 표현한, 노래와 같은 글이지요. 동시 그림책에서 가장 좋아하는 동시를 마음속으로 느끼면서 천천히 읽어 보세요.

> 『넉점 반』이라는 귀여운 아이가
> 나오는 동시를 읽어보자.
> 시낭송 하는 모습을 영상으로 찍어 볼까?

내가 시 낭송 하는 영상을 할머니께 보내 드리자.

시원한 물총 놀이

 물총

더운 여름날엔 물총놀이가 최고지요. 물을 가득 넣어 친구들과 신나게 물총을 쏘며 놀아 보세요.

물총에 물을 가득, 풍!
다른 사람들에게
물 튀지 않게!

 공원에서 '얼음땡' 놀이도 해 보자.

6/26

생각 말하기 놀이 — 논리적 사고력, 이야기 구성력

더운 여름 VS 추운 겨울

더운 여름과 추운 겨울 중에서 더 좋아하는 계절은 무엇인가요? 의견을 분명히 하고 이야기해주세요. 만약 내 의견이 확실하지 않으면 상대방에게 설득당하고 말테니까요.

> 더운 여름이 좋아!
> 바다에서 수영할 수 있는
> 여름이 최고지!

'비 오는 날 VS 눈 오는 날' 둘 중에 내 의견을 정해서 이유를 말해 보자.

꼬리에 꼬리를 무는, 너를 알려줘

꼬리에 꼬리를 물듯이 계속 질문해서 대답을 정리하는 놀이예요. 알맞은 질문과 상대방의 대답을 엮으면 주제를 꿰뚫는 이야기를 한 문단으로 말할 수 있어요.

> 어떤 계절을 좋아해요?
>
> 왜 그 계절을 좋아해요?
>
> 그때 뭘 하는 걸 좋아해요?
>
> 그럴 땐 어떤 기분이에요?

친구에게 취미에 대해 질문한 뒤 한 문장으로 정리해 보자.

꼬부랑 국수가 뭐예요

1950년 6월 25일 새벽에 북한 공산군이 남한으로 쳐들어 와 전쟁이 일어났어요. 많은 사람이 죽거나 다쳤지요. 그래서 오늘은 전쟁에서 얻은 교훈으로 평화를 위해 노력해나갈 것을 다짐하는 날이에요.

우리 민족은 남과 북으로 나뉘어 산 지도 70년이 넘어서 쓰는 낱말이 다른 것이 많아요. 어떤 낱말이 있을까요? 스마트폰-손전화, 도넛-가락지빵, 무지개-색동다리, 도시락-곽밥, 아이스크림-에스키모, 햄버거-고기겹빵, 라면-꼬부랑 국수. 참 재미있지요?

북한말 2가지를 이용해서 문장을 만들어 보자.

7/8

속담 문해력 | 수용어휘력, 논리적 사고력

돌다리도 두들겨 보고 건너라

튼튼한 돌다리도 확인하고 건너야 한다는 뜻이에요. 그러니 아주 잘 아는 일이라도 세심하게 확인해야 실수하지 않겠지요?

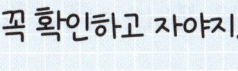

돌다리도 두들겨 보고 건너라는 말이 있잖아. 여행 준비물 중에서 빠진 것이 있는지 꼭 확인하고 자야지.

종이에 색연필로, 사인펜으로, 연필로 속담을 3번만 쓰고, 기억하자.

퀴즈 문해력 상상력, 표현력

엉뚱한 동물 수수께끼

동물을 다른 것에 빗대어 말한 수수께끼는 엉뚱하고 재미있어요. 요리조리 생각하여 수수께끼를 풀어 보세요.

① 꼬리는 꼬리인데 날아다니는 꼬리는?

② 앞으로 불러도 뒤로 불러도 이름이 똑같은 새는?

③ 등에 분수를 짊어지고 다니는 동물은?

④ 제비는 제비인데 날지 못하는 제비는?

머리꼭지가 이글이글 타는 날

태양은 뜨겁고, 비는 세차게 내리는 여름 날씨를 재미나게 표현해 보세요.

조금만 움직여도 땀이 삐질삐질 나는 날
우르릉 쾅 장대비가 내리는 날
비가 왔다 그쳤다 찜통 같은 날

내가 쓴 날씨 표현 중에서 가장 비슷한 오늘 날씨를 써 보자.

이구동성 게임

친구 여럿이 낱말의 각 음절을 동시에 얘기하면 술래가 맞히는 놀이예요. 한꺼번에 말해도 알아들을수 있을까요? 자음이나 모음이 비슷한 말을 하면 맞히기 어려워요.

우리 셋이 거북이, 세탁소, 핸드폰으로 해 보자.

'이구동성'이란 무슨 뜻일까? 당장 알아보자.

갸웃갸웃 반대말  퀴즈

우리말에는 뜻이 정반대인 반대말이 많이 있어요. 뜻이 반대인 말에 관한 설명이 맞으면 O, 틀리면 ×를 고르세요.

1. '크다'의 반대말은 '좁다'이다.   O X

2. '차갑다'의 반대말은 '뜨겁다'이다.   O X

3. '높다'의 반대말은 '낮다'이다.   O X

4. '깨끗하다'의 반대말은 '친절하다'이다.   O X

물에 뜨는 종이

준비물: 대야, 여러 가지 물건(종이, 가위, 연필, 지우개, 플라스틱 자, 페트병, 비치볼 등)

대야에 여러 가지 물건을 넣어보고, 물에 뜨는 것과 가라앉는 것을 종이에 적어 보세요. 내가 뜰 거라고 상상했는데 가라앉는 것은 어떤 물건이었나요?

원리: 물에 뜨는 힘을 '부력'이라고 해요. 물보다 밀도가 적은 물체는 부력을 받아서 물 위에 뜨지요.

노래하듯 모-나리자

낱말의 음절 순서대로 높고 길게 발음하는 '절대 음감 놀이'를 해볼까요? 두 음절부터 다섯 음절 낱말까지 점점 어렵게 놀이해 보세요. 발음이 비슷한 낱말로 하면 더 재미있어요.

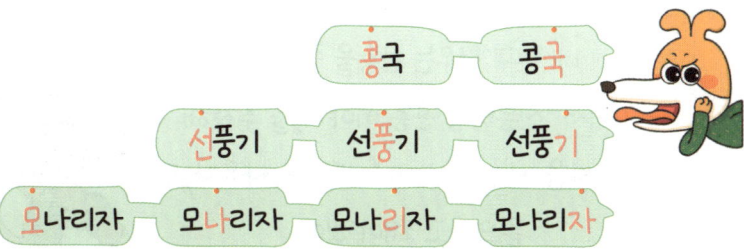

교대로 한 음절씩만 말하는 게임을 해 보자.
도전할 낱말은 옥수수수프!

누구를 위한 책일까?

책을 읽다 보면 생각나는 사람이 있어요. '이 책을 그 친구가 읽었으면 좋겠다.' 하고 말이에요. 권하고 싶은 그림책과 그 이유를 말해 보세요.

> 내 친구 현우는 곤충을 좋아해. 그래서 『신통방통 곤충 이야기』를 추천해. 자꾸 싸움 거는 형에게 『내일 또 싸우자』도 읽으라고 해야겠어.

엄마에게는 어떤 책을 권해 드릴까?

다꾸 말고 책꾸

다이어리 꾸미기는 하루 기억을 간직할 수 있어서 좋은 아이템이에요. 읽은 책을 잘 기억할 수 있도록 '책꾸' 하는 것은 어떨까요? 내가 좋아하는 책 표지를 개성 있게 꾸며 보세요.

내가 좋아하는 공주님이 나오는 책을 꾸며 보자. 스티커로 공주님 드레스에 무늬도 만들어야지.

내 사진을 꾸며 볼까? 요정처럼 아니면 로봇처럼?

지혜로운 나무의 노래

인디언들은 그 사람의 행동이나 모습, 생일을 기억하면서 조금 특별한 이름을 지었다고 해요. 가족의 특징을 떠올려서 인디언식 이름을 지어 볼까요?

 '늑대와 함께 춤을', '주먹 쥐고 일어서'라는 인디언 이름이 영화에서 나왔대.

내 이름은 '노래하는 백색 곰'이래. 정말 힘찬 이름인걸!

 인디언식 이름을 찾아보고 그림으로 그려 보자.

사라지는 물 글씨

 굵은 붓, 물통

해가 쨍쨍 비치는 날 놀이터에 가서 굵은 붓에 물을 듬뿍 묻힌 후 그림을 그리거나 글자를 써 보세요. 내 이름도 쓰고, 친구 이름도 쓰고, 또 어떤 말을 써 볼까요?

 젖은 빨래를 햇볕에 널면 금방 마르지요? 이처럼 우리 눈에는 보이지 않지만, 물이 수증기로 변해서 공기 중으로 날아가는 현상을 '증발'이라고 해요.

코가 납작해지다

코는 얼굴 한가운데 우뚝 솟아있는데, 코가 납작해졌다고요? 부끄러운 일을 당하거나 기가 죽어서 위신이 떨어진 걸 코에 빗대어 표현하는 말이에요.

형이 수학은 자신있다고 큰소리치더니 빵점을 맞고는 아주 **코가 납작해졌어.**

'코'가 들어간 관용어야. 무슨 뜻인지 알아보자.
코웃음 치다, 콧대가 높다

바다 동물 이름 초성퀴즈

넓고 푸른 바다에는 정말 다양한 동물들이 살고 있지요. 초성을 보고 바다 동물의 이름을 맞혀 보세요.

1. ㅅ ㅇ
2. ㄷ ㄱ ㄹ
3. ㄱ ㅇ ㄹ
4. ㅎ ㅍ ㄹ
5. ㄱ ㄷ ㅇ
6. ㅇ ㅈ ㅇ

책 퍼즐 놀이

낡거나 오래된 책의 표지나 내용 중 한 장을 뜯어서 퍼즐로 만들어 보세요. 두꺼운 종이에 붙여 오리면 더 단단해지지요. 퍼즐을 맞춘 후 완성된 그림을 보며 내용을 이야기해 보세요.

> 몇 조각으로 자르면 좋을까? 약간 어렵게 36조각이 좋을까?

여러 권의 책을 세워서 도미노 게임을 해 보자.

동그라미는 뚝배기

'주고받는 말놀이'는 주제를 정해서 질문과 대답을 하는 놀이에요. 사물을 나타내는 모양, 색상, 활용법 등을 주제로 말을 주고 받으며 놀이해 보세요.

- 세모는 뭐니? — 오징어.
- 빨강은 뭐니? — 장미꽃.
- 벚꽃은 뭐니? — 봄.

이번에는 색깔로 주고받는 말놀이를 해 보자.
빨강은 뭐니? 우체통!

짹짹, 참새

준비물 종이, 연필

간단한 노랫말에 맞춰 참새를 그려 보세요.

동그란 접시에 까만 콩을,
아빠는 세 그릇, 엄마는 두 그릇, 나는 한 그릇,
입으로 먹었더니 배가 불러서,
앞다리가 뽕뽕, 뒷다리가 뽕뽕,
참새가 되었네. 짹짹!

이번엔 노래하며 무서운 독수리를 그려 보자.

엄마는 카멜레온이다 왜냐하면

모든 말에는 왜 그렇게 표현했는지 이유가 있어요. 가족을 동물로 표현하고 '왜냐하면 놀이'로 그 이유를 써 보세요.

> 엄마는 카멜레온이다.
> 왜냐하면 장소에 따라서
> 변신을 잘하시기 때문이다.

엄마를 표현하며 쓴 내용을 그림으로 그려 보자.
얼굴은 엄마, 몸은 동물로 말야.

메뉴판을 보고 분류하기

음식점에 가면 음식 이름과 가격이 적혀 있는 메뉴판을 주지요. 메뉴를 여러 가지 기준으로 분류해 보세요.

김밥을 재료에 따라 분류하면,
소고기, 참치, 야채.

모양에 따라 분류하면,
주먹김밥, 삼각김밥, 동그란 김밥.

만두를 재료, 크기, 만드는 방법에 따라 분류해 보자.

7 / 17

기념일 놀이   논리적 사고력, 이해력

우리 집 헌법 만들기

오늘은 '제헌절'이에요. 1948년 7월 17일에 대한민국 헌법이 만들어져 알려진 날을 기념하는 기쁜 날이지요. 헌법은 가장 기본이 되는 최고의 법으로, 우리나라는 민주주의 국가이고, 나라의 주인은 국민이라는 뜻이 제일 처음에 담겨있답니다. 제헌절을 맞아 가족이 모여 우리 집의 법도 만들어 보세요.

> 제1조, 우리 집은 문제가 생겼을 때 모든 가족이 의논하여 해결한다.

가족 헌법을 거실에 붙여 놓자.

책놀이 문해력   통찰력, 과제수행력

판결을 내리겠습니다!

판사는 법에 따라 죄 지은 사람에게 적합한 벌을 고민해요. 책에서 나온 나쁜 사람에게 벌을 내린다면 어떤 것이 좋을지, 왜 그런 생각을 했는지 말해 보세요.

피노키오는 거짓말을 많이 했어. 그래서 판결은!

놀부는 박에서 도깨비들이 나와 아주 혼쭐이 났지. 내가 판사라면 …

판결한 내용을 글로 써 보자.

인어공주는 과연

동화를 그림책이나 영화로 볼 때 가끔 결말이 다른 경우도 있어요. 어떤 점이 비슷하고, 어떤 점이 달랐는지 비교해 볼까요?

그림책의 인어공주는 마지막에 물거품이 되지만, 영화에서는 왕자님과 결혼해. 또 등장하는 인물도 좀 달라.

가장 좋아하는 애니메이션은 뭐야? 제목과 왜 좋아하는지 이유를 말해보자.

티끌 모아 태산

'티끌'은 아주 작은 먼지이고, '태산'은 아주 큰 산이에요. 아주 작은 것이라도 모이고 모이면 아주 큰 덩어리가 된다는 뜻이지요.

티끌 모아 태산이라고, 심부름해서 받은 용돈을 모아서 두발자전거를 샀어. 완전 신나!

한자어도 알면 공부에 많은 도움이 된단다. '산(山)'을 한자로 5번만 써 보자.

무궁화꽃이 피었습니다

숨바꼭질을 응용한 전래놀이예요. 술래가 벽을 보고 "무궁화꽃이 피었습니다!"를 외치면 그 사이에 친구들은 술래에게 가까이 다가와요. 뒤를 돌아볼 때 움직이는 사람이 있으면 그 사람이 술래가 되지요.

무~궁~화~꽃이~ 피었습니다!

매의 눈으로 잡았다! 어서 와 깍지 걸어!

친구 여럿과 '우리 집에 왜 왔니' 놀이도 해 보자.

스무고개를 넘어가 볼까

'스무 고개 놀이'는 대답하는 사람이 속으로 답을 정하고, 질문하는 사람이 하는 20번의 질문에 "예", "아니오"로만 대답하는 놀이에요. 질문하는 사람이 정답을 맞히면 승리!

살아있습니까?

식물입니까?

땅에서 사는 동물입니까?

네!

아니오.

아니오.

'당근'을 떠올리며 스무 고개 놀이를 해 보자.

끼토산 야끼토

짧고 간단한 동요를 거꾸로 불러 볼까요? 문장이 아닌 낱말을 '로꾸거(거꾸로)'로 부르는 거예요. '산토끼' 노래로 시작해 보세요.

끼토산 야끼토 를디어 냐느가
총깡총깡 서면뛰 를디어 냐느가

'비행기' 노래를 거꾸로 불러 보자. 다떴 다떴 기행비~

빙글빙글 바람개비

준비물 색종이, 수수깡, 핀, 가위, 풀

색종이를 가운데 1cm 정도 남기고 대각선으로 오려요. 네 귀퉁이를 모아 수수깡에 꽂으면 바람개비 완성이에요. 공원에 나가 바람개비를 돌려 보세요.

시원한 바람을 맞으며 바람개비를 돌려 보자. 빙글빙글, 뱅글뱅글, 피웅~

태극기 바람개비도 만들어 보자.

네 맘대로 잠수함 그리기

미술 문해력 / **듣기집중력, 표현력**

준비물: 종이, 연필

한 사람이 자기가 생각한 것을 말하면, 다른 한 사람은 상대방의 말을 듣고 그림을 그리는 놀이에요.

> 옆으로 긴 동그라미를 크게 그립니다.

> 그 안에 작은 동그라미를 3개 그려요. 그리고…

'비행기'를 떠올리며 네 맘대로 그리기 놀이를 해 보자.

주름빨대 글자

빨대 중에 접히는 주름 부분이 있는 빨대가 있어요. 오늘은 빨대를 가위로 자르며 낱말을 만들어보세요.

 접히는 부분으로는 'ㄱ, ㄴ'을 만들 수 있네.

접히는 부분을 2개 이으면 'ㅁ'이 돼.

 'ㅇ'은 짧게 잘라 연결하면 어떨까?

먼저 내가 좋아하는 음식 이름을 만들어 보자.

 이쑤시개를 쌓아 입체 오각형을 만들어 보자.

여름 마인드맵 만들기

지도를 그리듯이 내 생각을 그물로 넓혀가는 '마인드맵'을 통해 생각을 확장하거나 정리할 수 있어요. 뜨거운 '여름'을 표현한 마인드맵을 만들어 보세요.

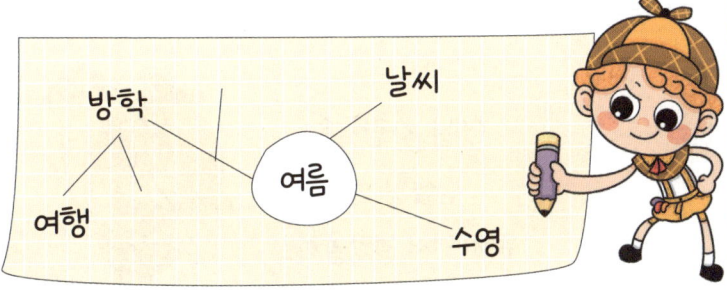

『미운 아기 오리』 이야기로 마인드맵을 만들어 보자.

남자는 씨름
여자는 그네뛰기

우리나라의 명절 중에 '단오'라는 날이 있어요. 한 해 농사가 잘 되길 바라는 마음으로 맛있는 수리취떡도 해 먹고, 즐겁게 하루를 보내지요. 옛날에는 단오에 남자들은 씨름을 하며 누가 힘이 쎈지, 여자들은 누가 더 높게 그네를 타는지 겨루기도 했대요.

옛날 사람들은 심심할 때 뭐하면서 놀았을까?

그네를 안전하게 타는 법을 말해 보자.

축감사 가위바위보

'축감사'는 '축하합니다, 감사합니다, 사랑합니다'를 줄인 말이에요. 가위바위보를 해서 졌다면 '축하합니다'를, 이겼다면 '감사합니다'를, 비겼다면 '사랑합니다'를 말하는 놀이예요. 사이가 더욱 돈독해지겠지요?

 네가 이겼네. (억지로) 축하합니다!

와, 내가 이겼어. 감사합니다!

 가위바위보를 한 후, 말대신 몸으로 표현해 보자. 이겼다면 손으로 하트 만들기?

건강한 치아 만들기

오늘은 '구강보건의 날'이에요. 날짜는 첫 어금니가 나오는 나이인 '6'과 어금니의 한자 '구치'의 '구'자를 숫자로 하면 '9'가 되어 6월 9일이 되었대요. 건강한 치아를 관리하려면 어떤 방법이 있을까요?

 너무 세게 칫솔질을 하지 않아요.

 잇몸, 혀, 입천장까지 닦아요.

 치실도 사용해요.

 이를 닦을 때 어떤 소리가 나는지 잘 듣고 표현해 보자.

이야기를 싣고 달리는 기차

책놀이 문해력   **기억력, 이해력**

동화는 중요한 사건이 연속되며 이어지지요. 기차를 그리고 책 속 이야기의 큰 사건을 쓰면서 되짚어 보세요. 기차 맨 앞 칸에는 책 제목을 써요.

- 오늘 읽은 〈방귀쟁이 며느리〉는 …
- 예쁜 색시가 시집을 감
- 남편과 시부모님의 사랑을 받음
- 색시의 얼굴이 점점 노래짐 ….

'기차'로 끝말잇기를 해 보자. 아주아주 길게!

6/8

요리 문해력　　　　　　　　　　　　소근육 발달, 언어 이미지화

올망졸망 꼬치

준비물 꼬치, 메추리알, 과일(방울토마토, 딸기, 포도 등)

삶은 메추리알과 다양한 종류의 과일을 골고루 꼬치에 꽂은 후 접시에 예쁘게 돌려 담아요. 맛있게 먹으며 과일을 수수께끼로 맞춰 보세요.

원숭이가 제일 좋아하는 과일은?

우리 가족이 좋아하는 과일을 알아보고, 그래프로 그려 보자.

손에 땀을 쥐다

긴장이 되면 우리 몸은 체온이 올라가고, 올라간 체온을 낮추기 위해 땀이 나지요. 그래서 손에 땀을 쥔다는 것은 아슬아슬하여 마음이 조마조마하다는 뜻이에요.

코딱지와 코리의 줄넘기 대결은 정말 손에 땀을 쥐게 했어.

'손'이 들어간 관용어야. 무슨 뜻인지 알아보자.
손때가 묻다, 손이 빠르다

책 뒷표지에는 뭐가 있을까?

책의 앞표지에는 책 제목, 작가 이름, 출판사 이름 등이 있지만 뒤표지도 많은 것을 알려 주지요. 뒤표지에는 어떤 것이 있나요?

바코드는 여러 개의 검정 선으로 된 것인데, 책이 출판된 나라 등을 알려주지. 또 책값이나 책에서 중요한 내용을 간단하게 줄여서 써 놓기도 해.

책 세 권을 골라 그 뒷면에는 무엇이 있는지 살펴보자.

말놀이 문해력 | 문제해결력, 집중력

낱말 낚는 어부

자석이 달린 낚싯대와 낱말을 적은 카드를 만들어 낱말을 낚시해 보세요. 주제를 정하고 여러 낱말 카드를 낚아요. 낱말카드는 코팅해서 클립을 끼워두면 여러 번 사용할 수 있어요.

땅에 사는 동물을 낚아라! 낙타, 호랑이.

ㄱ이 들어간 동물을 낚자! 강아지, 곰

게임이 끝나면 젓가락으로 집어서 정리해 보자.

6/6

기념일 놀이   인성, 사고력

태극기의 건곤감리

오늘은 우리나라를 지키기 위해 목숨을 바친 모든 분의 희생을 기억하고 감사하는 마음을 가지는 '현충일'이에요. 오늘은 조의(남의 죽음을 슬퍼함)를 표하는 날이기 때문에 태극기도 평소와 다르게 깃면의 너비만큼 내려 달아요. 태극기에는 가운데 태극 문양과 검은색 건곤감리가 있어요. 10시에 사이렌이 울리면 경건한 마음으로 묵념도 하지요.

 **태극기를 색칠해 보자.**
(태극기 도안 다운로드)

7 / 27

`요리 문해력`　　　　　　　　　`소근육 발달, 관찰력`

가슴까지 시원한 과일 화채

준비물 과일, 탄산음료, 우유, 꿀, 얼음, 플라스틱 칼 등

플라스틱 칼로 과일을 먹기 좋은 크기로 자른 후 음료와 얼음 등을 넣어 만들어요. 화채 속 과일 씨앗이 어떻게 다른지 이야기해 보세요.

포도씨는 동글동글, 수박씨는 납작해!

얼굴에 수박씨를 붙인 뒤, 떼기 놀이를 해 보자!

기념일 놀이 | 이해력, 실천력

에코 히어로의 분리배출

오늘은 지구 환경 보전을 위해 노력하겠다고 다짐하는 '환경의 날'이에요. 가정에서는 쓰레기를 줄이고, 분리수거를 하는 것이 우선이지요. 분리수거 하는 방법을 3가지만 말해 보세요.

생수통은 겉에 비닐 상표를 떼내야 해.

이번 주 분리수거 담당은 나야 나, 바로 나!

쪽지를 보고 젤리를 찾아라

엄마(아빠)가 적어 놓은 힌트 쪽지를 보고 젤리나 막대 사탕 등을 찾아보세요. 미리 적어 놓은 쪽지를 꼼꼼히 읽는 것이 시작이지요. 여러 쪽지에 적힌 힌트를 모아서 마지막에 젤리를 찾는 게임도 재미있어요.

첫 번째 쪽지는 안방 옷장의 두 번째 서랍에 있대.

쪽지를 보니까 두 번째 쪽지는 신발장에 있대. 도대체 젤리는 어딨지?

'스무고개 놀이'를 하면서 젤리를 찾아보자.

나비잠과 새우잠

여러분은 잘 때 어떤 모습으로 잠을 자나요? 나비잠, 새우잠 등 잠을 동물에 비유한 정겨운 순우리말이 많이 있어요. 동물의 자는 모습을 몸으로 표현해 보세요.

 나비가 날갯짓을 하듯 아기가 두 팔을 위로 벌리고 자는 걸 나비잠이라고 해.

등 굽은 새우처럼 자는 건 새우잠. 그럼 갈치잠은 뭘까?

 나비잠과 새우잠을 몸으로 표현해 보자.

내가 아침 뉴스에 나왔다고?

아침에 일어났더니 내 웃는 얼굴이 뉴스에 나왔대요.
도대체 왜 뉴스에 나왔을까요? 자유롭게 말해 보세요.

댄스 대회에서 우승해서 올해의 인기상을 탔을 거야!

오늘 아침에 TV를 켜니 우리 삼촌이 나왔네.
깜짝이야! 그럴듯한 상상을 이야기해 보자.

하얀 여우와 까만 염소의 사랑

하얀 여우와 까만 염소가 사랑에 빠져 새끼를 낳았대요. 그렇다면 새끼는 어떻게 생겼을까요? 상상해서 그림으로 그리고, 어울리는 이름도 지어 주세요.

하얀 털 가운데 까만 점이 있을 거 같아. 이름은 까양이라고 지어야지!

아름다운 깃털의 공작새와 노란 부리의 오리가 사랑에 빠졌대. 어떤 모습을 한 새끼가 태어날까?

여행 가방에 뭘 넣을까?

여름 방학을 맞아 바다로 여행을 간다면 빠뜨리는 것 없이 잘 준비해야겠지요? 여행 가방에 어떤 것들을 넣어가야 할까요? 잘 적어보세요.

크게 여행 가방을 그리고,
바닷가로 여행갈 때 필요한 걸 적어보자.
수영에 필요한 것: 수영복, 튜브 …

만약 북극으로 여행을 간다면 무엇을 챙겨야 할까?

6/2

신체 문해력 | **신체조절능력, 이해력**

손발 튼튼 트위스터

 손발 모양 도안, 테이프

손발 모양 도안을 오린 뒤 바닥에 손, 발 모양을 교대로 붙여요. 도안대로 손발을 짚으며 끝까지 가요.

> 손과 발이 꼬인다 꼬여! 정확하게 짚으며 10칸 도착!

 현관문에 트위스터 판을 붙이자. 여길 통과해야 들어올 수 있지!

내일 또 싸우자!

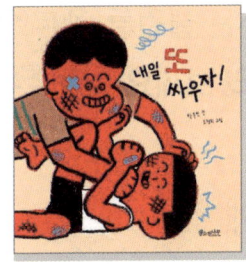

박종진 글, 조원희 그림 (소원나무)

방학에 할아버지 댁에 놀러 간 상두와 호두 형제는 틈만 나면 감정 싸움을 해요. 그러자 할아버지께서 제대로 싸우고 싶게 하는 건강한 싸움을 알려 주는 이야기예요.

어떤 싸움을 해 보고 싶니? 풀싸움, 꽃싸움, 눈싸움, 연싸움 등 자꾸 싸워도 되는 걸로 친구랑 놀이해 보자.

6/1

퀴즈 문해력 · 기억력, 기초 쓰기

우리 집 물건 맞춤법 퀴즈

우리가 편리하게 살아가도록 도와주는 물건들이 있어요. 그 이름을 맞게 쓴 것을 골라 보세요.

1. 베개 | 베게
2. 연필깍이 | 연필깎이
3. 냄비 | 넴비
4. 숟가락 | 숫가락

문해력 놀이

8월

문해력 놀이

6월

우리집
금·은·동메달은?

만약 나에게 금, 은, 동메달이 있다면 누구에게 주고 싶은가요? 나에게 가장 소중한 것을 차례대로 쓰고, 그 이유를 이야기해 보세요. (단, 우리 가족은 제외입니다. 0순위니까요!)

햄토리가 금메달이야!
얼마나 귀여운데.
그리고 은메달은…

이야기한 '나의 금은동메달'로 동시를 지어 보자.

친구의 전설

이지은 글 그림 (웅진주니어)

성격 고약한 호랑이와 꼬리에 딱 붙은 민들레가 만나 친구가 되는 이야기예요. 처음에는 많은 다툼이 있었으나 숲속의 사는 동물들을 돕고, 도움을 받으며 진정한 친구가 되지요.

호랑이와 꼬리꽃은 언제부터 서로가 친구라고 느끼게 되었을까?

8/2

미술 문해력   협응력, 상황어휘력

둥둥 종이배

준비물 색종이, 빨대

종이배를 접고, 물에 띄워 입으로 불거나 빨대로 불어 바람을 일으켜 보세요.

 종이배야, 바다 건너에는 뭐가 있을까?

빨대로 불어 보자!
어? 회오리바람이 불어!

 뚜껑이 달린 종이배, 돛단배도 접어 보자.

문장 늘리기 마술

우리말에는 꼭 필요한 낱말 외에도 그 말을 꾸미는 말이 있어요. 중심되는 낱말에 꾸미는 말을 붙여 더 자세하고 아름다운 문장을 써 보세요.

도윤이가 웃는다.
귀여운 도윤이가 깔깔깔 웃는다.
내 동생 도윤이가 깔깔깔 크게 웃는다.

이번에는 긴 문장을 중심되는 낱말만 남게 줄여 보자.

몸으로 말해요 운동 경기 이름

말하지 않고, 몸으로 운동 경기를 표현하는 놀이에요.
미리 올림픽 경기 종목을 적어서 놀이해 보세요.

> 올림픽에는 수영, 양궁, 체조, 태권도, 역도, 펜싱, 권투, 사격, 축구, 야구 등 경기가 있어.

좋아하는 운동이 뭐야? 오늘은 땀 흘리며 운동하는 날로 정하고 열심히 몸으로 놀자.

책을 거꾸로 읽어보자

가끔은 청개구리처럼 거꾸로 행동하는 것도 재미나지요. 자주 읽었던 책들의 제목을 거꾸로 읽어 보세요.

아기였을 때 읽었던 책은 간단하지. 차방소, 럭트프덤…

요즘 읽는 책을 꺼내 거꾸로 읽어 볼까? 『강아지똥』은 똥지아강 ….

우리 집 주방에 있는 물건 이름을 거꾸로 말해 보자.

신나는 곤충 채집

준비물 잠자리채, 곤충 채집통

잠자리채 둘러메고 풀이 있는 곳으로 가 볼까요?
더운 여름에는 호랑나비, 매매가 많이 보여요.
가끔은 여치와 사마귀도 보이지요.
모습이 어떻게 다른지 이야기해 보세요.

원리 곤충은 몸이 머리, 가슴, 배로 나뉘고 다리가 6개인 동물을 말해요. 알→애벌레→번데기→어른벌레 순서로 변신하지요. 전체 동물의 약 3/4이나 차지할 만큼 그 수와 종류가 많아요.

입이 귀 밑까지 찢어지다

활짝 웃으면 입이 양옆으로 벌어지면서 올라가잖아요? 그래서 입이 귀 밑까지 찢어진다는 표현은 너무 기뻐서 웃는다는 뜻이에요.

> 너무 갖고 싶던 신발을 생일선물로 받아서 입이 귀 밑까지 찢어졌지 뭐야. 하하하!!

'입'이 들어간 관용어야. 무슨 뜻인지 알아보자.
입에 침이 마르다, 입을 모으다

여러 나라 안녕하세요!

우리에게 한국어가 있듯, 다른 나라에는 영어, 프랑스어, 중국어 등이 있어요. '세계 인사송'이라는 노래에 맞춰 불러 보세요.

한국어로 안녕하세요. 영어로 헬로,
일본어로 곤니찌와, 중국어로 니하오.
프랑스어로 봉주르, …

친구에게 프랑스어로 인사해 보자. 봉주르!

귀여운 곤충 이름 초성퀴즈

생김새도 특성도 다양한 곤충들이 많이 있지요. 초성을 보고 어떤 곤충 이름을 맞혀 보세요.

1. ㅁ ㄸ ㄱ
2. ㅅ ㅁ ㄱ
3. ㅂ ㄷ ㅂ
4. ㅈ ㅈ ㄹ
5. ㄱ ㄸ ㄹ ㅁ

후후 비눗방울 놀이

 비눗방울 용액, 비눗방울 놀이 막대

공원에 나가서 다양한 비눗방울을 만들어 보세요.

 커다란 동그라미를 만들어 보자.
방울방울, 몽글몽글.

비눗방울 날아라.
동동동, 둥실둥실, 두둥실, 톡!

 비눗방울 용액에 물감을 섞고 면봉으로 찍어 보자.
수국이 활짝 피어났어!

감자에 싹이 나서 묵찌빠

'묵찌빠' 놀이는 가위바위보를 해서 이긴 사람이 가위바위보 중 하나를 내는데 상대방도 같은 걸 내면 이기는 게임이에요. 가위바위보를 감자와 싹, 잎에 비유한 노래를 부르면서 놀이해 보세요.

감자에 싹이 나서 잎이 나서 묵찌빠!

묵, 묵, 빠!

나랑 똑같은 빠를 냈으니까 내가 이겼다!

두 손으로 가위바위보를 한 후, 한 손을 빼는 '하나 빼기' 놀이도 해 보세요.

글놀이 문해력　　　　　　　　표현력, 문장구사력

빵빵 의성어

의성어는 사람이나 사물의 소리를 흉내 낸 말이에요. 의성어를 넣어서 글을 쓰면 훨씬 풍요로워지지요. 관심있는 것을 관찰하고 의성어를 넣어 표현해 보세요.

자동차가 달린다.
자동차가 쌩쌩 달린다.
빵빵 경적을 울리며 자동차가 쌩쌩 달린다.

내가 읽고 있는 책에서 의성어를 3개만 찾아보자.

손바닥 물감 동물원

 흰 종이, 여러 가지 색 물감, 크레파스

손바닥에 물감을 묻혀서 흰 종이에 찍어요. 물감이 마르면 그 위에 크레파스로 그림을 그려 보세요.

손가락 4개에 다리를 그리고, 새끼손가락에 꼬리를 그리면, 어흥 호랑이!

다섯 손가락 그림에 우리 가족 얼굴을 그려 보자.

속담 문해력 　　　　　　　　　　　수용어휘력, 논리적 사고력

하늘이 무너져도 솟아날 구멍이 있다

하늘이 무너질 것 같은 어려운 상황이 닥쳐도 벗어날 길은 분명히 있다는 말이에요. 아무리 힘든 일이 있어도 방법을 잘 찾으면 해결할 수 있으니 낙담하지 마세요!

> 하늘이 무너져도 솟아날 구멍이 있다고, 줄넘기를 안 가져왔는데 비가 와서 체육을 못했지 뭐야.

그런데 말이야, 진짜로 하늘이 무너진다면 어떤 일이 벌어질까? 상상해서 이야기해 보자.

코-코-코, 미간

우리 몸에는 각각의 부위마다 이름이 있어요. 눈, 코, 입 말고 조금 낯선 이름을 알아볼까요? '머리 어깨 무릎 발' 노래를 부르면서 마지막에 나오는 이름을 내 몸에서 가리켜 보세요.

> 얼굴에는 정수리, 미간, 볼, 인중 등이 있지.
> 윗몸에는 명치, 척추, 팔꿈치가,
> 다리에는 장딴지, 오금 등이 있지.

'머리 어깨 무릎 발' 노래에 맞춰서 오늘 알게 된 신체 명칭을 넣어서 불러 보자.

퀴즈 문해력 | 집중력, 어휘력

올림픽 게임 이름 초성퀴즈

올림픽은 4년마다 열리는 국제 운동 경기 대회에요. 선수들은 올림픽에서 최선을 다해 경기를 치러요. 초성을 보고 어떤 경기 이름인지 맞혀 보세요.

1. ㅌ ㄱ ㄷ
2. ㅊ ㄱ
3. ㅅ ㅇ
4. ㅇ ㄱ
5. ㄹ ㅅ ㄹ
6. ㅁ ㄹ ㅌ

주인공 인터뷰

기자가 되어 동화 속 인물들을 인터뷰하며 놀아 보세요. 어떤 질문을 하고 싶은가요? 어떤 동화의 주인공에게 질문하고 싶은지 기자처럼 말해 보세요.

백설공주에게 묻겠습니다.
새엄마가 마녀라는 사실을 몰랐나요?

마녀가 사과를 건넬 때
의심스럽지는 않았나요?

엄마와 함께 책을 읽고 내가 주인공이 되어 엄마의 질문에 답해 보자.

내가 옥황상제라면?

음력 7월 7일은 전설 속의 견우와 직녀가 1년에 한 번 까치와 까마귀가 날개를 펴서 놓은 다리인 오작교에서 만나는 날이에요. 그런데 1년에 한 번만 만나는 벌은 너무 가혹한 것 같아요. 내가 옥황상제라면 어떤 벌을 내렸을까요?

> 견우에게는 돌보아야 할 소를 더 늘리고, 직녀에게는 옷을 더 많이 짓게 하는 거야.

나의 가장 나쁜 버릇이 무엇인지 생각해 보고, 고칠 수 있는 방법을 종이에 적어 보자.

내 이름의 의미는

모든 사람에게는 이름이 있고, 그 안에 좋은 바람을 담고 있어요. 내 이름에는 어떤 뜻이 담겨 있을까요? 예쁜 종이에 이름의 뜻을 써 보세요.

내 이름은 황현빈. 한자로는
누를 황에 빛날 현, 빛날 빈이야.
내가 사람들에게 빛처럼 환하게 좋은 영향력을
비추길 바라며 엄마 아빠가 지어 주신 이름이지.

엄마(아빠)의 이름에는 어떤 의미가 있는지 여쭤보자.

주사위 빙고 게임

가로 4칸, 세로 3칸으로 12칸 빙고판을 만들고 1에서 12까지 숫자를 쓰세요. 주사위 두 개를 굴려 나온 숫자를 더하거나 빼면서 동그라미해요. 12개 빙고판에 모두 표시가 되었다면 '빙고!'를 외칩니다.

1과 2가 나왔으니까, 빼서 1에 표시할래.

나는 6과 6이 나왔어.
더해서 12에 표시할래.

주사위 놀이를 해 보자.
(주사위판 다운로드)

엄마를 위한 비타민

엄마가 늙는다고 생각하면 마음이 아파요. 어떻게 하면 엄마를 늙지 않게 할 수 있을까요? 매일 노래를 불러 드려서 활기를 주는 건 어때요?

시간을 멈추는 기계를 발명해서 엄마가 늙지 않게 해 드릴거야!

엄마가 왜 좋은지 이유는 너무 많지만 그중에서 딱 3가지만 써 보자.

낱말 저금통

준비물: 페트병, 칼, 테이프, 스티커

페트병을 반으로 자른 후 스티커로 꾸며서 낱말 저금통을 만들어요.

탈수, 수증기…
새로 알게 된 낱말을
저금통에 쏙!
가끔 꺼내 봐야지!

'저금통'으로 삼행시를 지어 보자.

높다 높다 하늘이 높다

미리 정한 주제에 자기 생각을 덧붙여 서로 번갈아서 말하는 '같은 말로 이어 말하기' 놀이예요. 주제의 특징을 잘 살펴보고 놀이해 보세요.

 높다, 높다! 하늘이 높다.

 높다, 높다! 철봉이 높다.

 '따뜻하다'로 이어 말하기 한 것을 고운 동시로 써 보자.

등장인물이 반짝반짝

책을 읽다 보면 독특한 사람이나 물건이 나올 때가 있어요. 그런 물건을 광고하는 문구를 만들어 보세요.

『라푼젤』은 매일 어떻게 머리를 관리했을까? 라푼젤이 쓴 샴푸를 광고해 보자.

긴 머리가 엉키지 않는 "라푼젤이 사랑한 샴푸!"

내가 만든 광고 문구를 넣고, 그림까지 그려 누구든 사고 싶게 하는 광고지를 만들자.

5 / 19

기념일 놀이 이해력, 통찰력

비의 양을 재는 측우기

오늘은 발명의 중요성을 알리는 '발명의 날'이에요. 장영실이 세계 최초로 측우기(비의 양을 측정하는 기구)를 발명하고, 세종대왕이 측우기를 사용하기 시작한 날이 1442년 5월 19일이래요. 측우기를 사용하면서 강물이 넘치는 것을 미리 예방할 수 있었지요.

우리 생활을 편리하게 해 준 발명품은 뭐가 있을까?

아빠가 생각하는 최고의 발명품은 뭔지 여쭤 보자.

글놀이 문해력   **집중력, 어휘력**

낱자로 낱말 만들기

아무 글자나 10개를 쓰고, 그 낱자를 이어서 낱말을 만들어 보세요. 얼마나 많은 낱말을 만들었나요? 친구와 누가 더 많이 만들었는지 게임처럼 놀이해 보세요.

→ 시소, 고구마, 공룡, 마녀, 소원, 시구, 미소 …

내가 만든 낱말 3개를 이용해서 무시무시한 문장을 만들어보자.

저절로 커지는 풍선

 페트병, 풍선, 뜨거운 물

페트병을 냉장고에 넣어 차갑게 한 다음 꺼내서 입구에 풍선을 끼웠다가 다시 뜨거운 물 속에 페트병을 담가 보세요. 풍선이 저절로 부풀어 오르는 마술 같은 현상이 일어나요. 입으로 불지도 않았는데 어떻게 풍선이 커졌을까요?

 공기가 따뜻해지면 부피가 늘어나면서 공기가 이동하여 풍선을 부풀리게 한답니다.

8 / 15

기념일 놀이 이해력, 표현력

광복절은 기쁜 날

광복절은 1945년 우리나라가 일본으로부터 해방된 것을 기념하고 대한민국 정부가 만들어진 것을 축하하는 기쁜 날이에요. '광복절은 기쁜 날'을 시작으로 꽁지 따기 말놀이를 해 보세요.

광복절은 기쁜 날 → 기쁜 날은 생일날 → 생일날엔 케이크 → …

우리나라 국가인 '애국가'를 알고 있니? 4절까지 경건하게 불러 보자.

이름 카드 뒤집기

자기 이름이 더 많이 보이도록 카드를 뒤집는 놀이예요. 메모지 30장 앞면엔 자기 이름을, 뒷면엔 상대방 이름을 적어요. 게임이 시작되면 자기 이름이 보이도록 뒤집어요. 뒤집어서 이름이 더 많이 보이는 사람이 이겨요.

> 30초로 알람을 맞춰놓자.
> 야호, 내 이름이 2개 더 보이네.
> 이번에는 내가 이겼다!

앞뒷장에 다른 꽃 이름을 쓰고, 뒤집는 게임을 해 보자.

엄지, 검지, 어느 손가락일까

종이의 가운데 부분을 연필로 뚫어 작은 구멍을 만들어요. 그리고 그 구멍 속에 손가락 한 개를 집어 놓고, 어떤 손가락인지 알아맞혀 보세요.

손가락마다 이름도 있지. 아빠 손가락은 엄지, 다음은 검지, 중지, 약지, 그리고 새끼손가락은 소지.

이번엔 발가락으로 종이를 뚫고 맞혀 보자. 발가락은 좀 쉽지 않을까? 직접 해 보자!

고개를 까닥이며 읽어 보자

책의 내용을 더 잘 이해하고, 부드럽게 읽으려면 문장 부호에 맞춰 읽으면 좋아요. 문장을 마칠 때 쓰는 마침표(.)와 글을 읽을 때 잠시 쉬는 쉼표(,)에만 신호를 정해서 읽어 보세요.

마침표(.)가 나오면 크게 고개를 끄덕이자.
쉼표(,)가 나오면 고개를 까닥이면 어때?
이제 고개를 끄덕, 까딱하며 즐겁게 책을 읽자.

『왜 띄어 써야 돼?』(길벗어린이)를 읽으며 문장 규칙에 대해 알아보자.

바삭바삭 카나페

 크래커, 과일잼, 치즈, 햄, 오이 등

크래커의 양쪽 면에 과일잼을 바르고 준비된 식재료를 사이에 넣는 요리예요. 맛있게 먹은 후, 자기만의 레시피를 만들어 보세요.

제일 먼저 크래커의 양쪽 면에 과일잼을 바르고, 그 다음엔…

 카나페를 준비해서 친구들을 초대하자.

기념일 놀이 · 기억력, 언어순발력

5 / 15

절에 가면 탑도 있고

'부처님 오신 날'은 석가모니(부처님)가 태어난 날을 기념하는 날이에요. 부처님을 생각하면 스님, 절이 떠오르지요? '절에 가면'으로 말 덧붙이기를 해 보세요. 앞 사람의 말을 되뇌고 거기에 새로운 말을 덧붙이는 놀이에요.

 절에 가면 탑도 있고,

절에 가면 탑도 있고, 스님도 있고,

 절에 가면 ….

 카프라, 블록, 종이컵 등을 이용해 높은 탑 쌓기를 해 보자.

안경 쓴 사람 접어

손가락 접기 게임이에요. 손가락을 다 편 뒤 서로 조건을 얘기하고, 마지막까지 접지 않은 손가락이 있는 사람이 이기는 게임이에요. 상대만 가지고 있는 특징을 얘기하면 되겠지요?

구구단 아는 사람 접어!

설거지 할 줄 아는 사람 접어.

나도 할 줄 아니까 접어야지!

이번에는 열 손가락을 다 편 상태에서 접기 게임을 해 보자.

속담 문해력　　　　　　　　　　　　　수용어휘력, 논리적 사고력

고슴도치도 제 새끼는 함함하다고 한다

'함함하다'는 털이 보드랍고, 반지르르하다는 뜻으로 털이 바늘처럼 뾰족한 고슴도치도 제 새끼의 털은 부드럽다고 한다는 말이에요. 자기 자식은 귀엽고, 잘나 보이기 때문이겠죠?

고슴도치도 제 새끼는 함함하다고 한다지만, 우리 아들은 어쩜 얼굴에 있는 주근깨도 예쁘기만 할까?

'가족'에 대한 속담은 또 뭐가 있는지 알아보자.

찬물을 끼얹다

좋은 분위기에 끼어들어 분위기를 망치거나 어색하게 만든다는 뜻이에요.

친구들과 신나게 보드게임을 하는데 갑자기 누나가 들어와서 숙제는 언제 할 거냐며 찬물을 끼얹었어.

'물'이 들어간 관용어야. 무슨 뜻인지 알아보자.
국물도 없다, 물불을 가리지 않다

다섯 글자 예쁜 말

정해진 글자 수로만 말하는 놀이예요. 제한이 있으면 더 많이 생각한 뒤 말하게 돼요. 묻고 대답하듯 놀이하면 더 재미있어요.

 떡볶이 좋아?

 제일 좋아해! 그런데 맵지?

 맵고 맛있지!

 한 사람이 길게 말하면 그것을 다섯 글자로 줄여 보자.

말끝을 올리거나 크게

책의 내용을 더 잘 이해하고, 부드럽게 읽으려면 문장부호에 맞춰 읽으면 좋아요. 책을 읽을 때 마침표(.)가 나오면 박수, 쉼표(,)에는 고개를 까딱, 물음표(?)는 조금 높은 목소리로, 느낌표(!)에는 좀 크게 읽자.

착한 어린이는 일찍 잔다고?

그럼 지금부터 자야겠다!

QR코드를 찍어서 문장부호에 대해 알아보자.

신체 문해력   신체조절능력, 표현력

몸으로
글자 만들기

혼자서 또는 둘이서 몸을 서로 잡아가며 글자 모양을 만들어요.

'ㄱ'은 혼자서도 만들 수 있네.
인사하면 되잖아.

'ㅇ'은 동그랗게, 동그랗게!
아이구 굴러가겠어.

몸으로 만든 글자를 사진으로 남겨 보자.

거꾸로 돌려도 되는 글자

한글에는 거꾸로 돌려도 글자가 되는 것들이 있어요. 예를 들어 '곰'은 거꾸로 돌리면 '문'이 되지요. 어떤 글자가 거꾸로 돌려도 글자가 될까요? 궁금한 글자를 쓰고, 거꾸로 돌려 보세요.

'물'을 거꾸로 돌리면 '롬'이 되지.

공은 운이 되네. 는은 극이 되고 말야. 와 신기해!

『글자 동물원』(문학동네)을 읽어 보자. 재미난 동시가 가득하거든.

가족 이름 칭찬 삼행시

가족의 이름으로 칭찬하는 삼행시를 지어 보세요. 이름으로 시작하는 문장으로 칭찬할 점을 써 보세요.

권: 권두연은 명랑하고요,
두: 두연이는 누구보다 지혜롭고요,
연: 연분홍 벚꽃처럼 배시시 웃는 얼굴은 너무나 사랑스럽지요.

가장 좋아하는 친구 이름으로 칭찬 삼행시를 지어 보자.

기념일 놀이   **공감력, 의사소통능력**

모기 입이 비뚤어지는 날

오늘은 절기로 '처서', 이제 더위가 물러간다는 날이지요. 날씨가 서늘해지니 '처서가 지나면 모기도 입이 비뚤어진다'는 속담도 있어요. 엄마와 내가 각각 모기와 사람이 되어 서로에게 하고 싶은 말을 하는 역할 놀이를 해 보세요.

> (모기) 나도 배고파서 그랬어. 게다가 모기약 때문에 동생도 아프단 말야.

엄마와 '곤충 이름 말하기'를 교대로 해보자.
과연 누가 이길까?

알쏭달쏭 비슷한 말  퀴즈

우리말에는 뜻이 비슷한 말이 많이 있어요. 옛날에 사용하던 말이 새롭게 바뀌기도 하고요. 비슷한 말에 관한 설명이 맞으면 ○, 틀리면 ×를 고르세요.

1. '동생'은 '아우'라고도 한다. ○ ×

2. '부뚜막'과 '거실'은 비슷한 장소이다. ○ ×

3. '책방'은 '서점'과 똑같은 말이다. ○ ×

4. '궁전'과 '대궐'은 비슷한 말이다. ○ ×

8/23

| 말놀이 문해력 | | 어휘력, 문장구사력 |

낱말카드로 문장 만들기

메모지 여러 장에 다양한 낱말을 쓰고 뒤집어서 나온 낱말로 문장을 만들어 보세요.

영화 돼지 하늘

우리에 살던 돼지는 처음 하늘을 본 순간 이렇게 말했어.
"영화같은 일이 나에게도 일어났어!"

내가 쓴 낱말 하나는 골라 '2-3-2 끝말잇기(두 글자-세 글자-두 글자로 이어가는 끝말잇기)'를 해보자.

과일 이름 빙고 게임

가로세로 3줄을 그어 만든 9칸 빙고판에 과일 이름을 적어요. 번갈아 가며 과일 이름을 말하는데, 자기가 쓴 낱말을 가로, 세로, 대각선으로 먼저 지운 사람이 이기는 놀이예요. 완성되면 '빙고!'라고 크게 외쳐요.

과일 이름은 사과, 배, 복숭아, 딸기 … 그리고 아무도 적지 않을 만한 아보카도도 적어야지!

이번에는 가족 이름을 넣은 9칸 빙고를 해 보자.

8 / 24

책놀이 문해력　　　　　　　　　　　표현력, 읽기유창성

역할놀이

책을 읽고 내용을 생각하며 역할놀이를 해 보세요. 내가 맡은 그 인물이 되었다고 생각하고 몰입해서 이야기를 이끌어 나가는 거예요.

『똑똑해지는 약』을 읽었는데
여기는 양과 칠면조만 나오네.
내가 양, 형은 칠면조를 맡아
책을 실감나게 읽어야지.

역할놀이에 가면이 있다면 훨씬 더 실감나지.
가면을 만들어 보자.

기념일 놀이 | 관찰력, 과제수행력

감사의 상장을 드립니다

오늘은 어버이(아빠, 엄마)의 은혜에 감사하고, 웃어른을 공경하는 마음을 키우기 위해 만든 날이에요. 소중한 우리 부모님을 생각하며 감사한 마음을 표현하는 상장을 만들어 보세요.

아빠는 요리 상을 드려야지!
엄마는 책을 잘 읽어주시니까,
다정상을 드려야겠다!

오늘은 내가 해야 할 일 척척하고, 특별히, 더, 부모님 말씀을 잘 듣자!

사라져라, 팡팡

 풍선, 매직

풍선을 불고, 이 세상에서 사라졌으면 하는 것을 그 위에 쓰세요. 크게 외치며 풍선을 팡팡 치며 놀아요.

나쁜 바이러스, 없어져라!
풍선 팡팡!

더 세게 펑!
정말 사라졌어!

풍선을 아빠 허리와 내 허리에 묶고, 서로 풍선을 치며 놀자.

미술 문해력 · 공감력, 표현력

효도 쿠폰

준비물 종이, 연필, 색칠 도구

어버이날을 맞아 효도 쿠폰을 만들어 보세요. 부모님께 감사하는 마음이 잘 전해지도록 말이에요.

꾹꾹 안마 쿠폰,
깨끗 설거지 쿠폰을 만들어야지!
따뜻 포옹 쿠폰이랑 그리고 …

정성을 담아 카네이션도 만들어 보자.

삼각형 땅따먹기

종이에 마음대로 점을 찍어 준비해요. 둘이 번갈아가며 점을 연결해 삼각형을 만들어요. 삼각형이 되었다면 내 땅이라는 표시로 그 땅을 색칠해요.

 내 땅은 초록색으로 칠할래.

 내가 만든 땅엔 주황색을 칠할래. 누가 더 많이 칠했을까?

 이번에는 사각형을 만들어 땅을 칠해 보자.

가까워지는 신문지 놀이

 신문지

두 사람이 신문지를 밟고 서는 놀이로, 신문지를 넓게 펼쳤다가 절반씩 접으면서 놀이해 보세요.

 신문지를 다 펼쳤을 때는 둘이 손잡고 그 위에서 춤도 출 수 있지.

으악, 너무 작아. 이젠 한 사람을 업어야겠다!

 신문지에 있는 글자 중 내 이름과 짝꿍의 이름 글자를 빨리 찾아보자.

장소 이름 OX 퀴즈

사람들의 안전하고 편리한 생활을 위해 운영하는 장소가 많이 있어요. 장소에 관한 설명이 맞으면 O, 틀리면 ×를 고르세요.

1. 주민센터는 편지나 소포를 모아 배달하는 곳이다. O X

2. 경찰서는 사람들의 생명과 재산을 보호하는 곳이다. O X

3. 도서관은 민속품, 예술품을 보관하고 전시하는 곳이다. O X

4. 소방서는 화재예방과 진압, 위험한 사람을 도와주는 곳이다. O X

기념일 놀이 / **자존감, 자기표현력**

튼튼한 가마를 태워 주세요

오늘은 어린이들이 가장 좋아하는 어린이 날이에요. 옛날에는 나이가 어린 아이들을 함부로 대했지만 방정환(1899~1931)은 '젊은이', '늙은이'처럼 어린 사람도 존중하자는 의미에서 '어린이'라는 말을 사용했어요. 그리고 어린이날도 만들었지요. 어린이날 기념 놀이로 엄마와 아빠가 팔목을 맞건 후 가마를 만들어 어린이를 태워 주세요.

아빠와 엄마가 어린이였을 땐 뭐가 즐거웠는지 이야기를 들어 보자. 지금의 나와 뭐가 다를까?

비슷한 점, 다른 점 찾기

여러 권의 동화책을 읽다 보면 비슷한 주인공이 나오지요. 하지만 분명 다른 점이 있어요. 오늘은 동화책 주인공들의 비슷한 점과 다른 점을 찾아보세요.

잠자는 숲속의 공주와 백설공주를 비교해 볼까?
비슷한 점은 둘 다 공주이고,
나쁜 마술에 걸려 잠이 들었어.
다른 점은 …

아빠와 엄마는 어떤 점이 비슷하고, 어떤 점이 다른지 이야기해 보자.

오물오물 꼬마김밥

준비물 김(1/4크기), 밥, 단무지, 당근, 시금치, 달걀 등

고슬고슬하게 지은 밥을 김 위에 얇게 편 후 준비된 재료를 올려 김을 말아요. 재료를 준비하며 다양한 표현을 사용해 보세요.

> 달걀을 부치고, 당근을 볶아, 김밥을 말아요.

'꼬마김밥'으로 사행시를 지어보자.

물냉면 VS 비빔냉면

물냉면이 맛있는지 아니면 비빔냉면이 더 맛있는지 생각해 보고, 의견을 이야기하세요. 이유가 분명해야 흔들리지 않고, 자기 의견을 지켜나갈 수 있어요.

> 비빔냉면이지!
> 빨간 고추장이 들어가서
> 매콤한 맛이 최고야.

'계란은 반숙 VS 완숙' 잘 생각해 보고, 의견을 이야기해 보자.

우리 가족을
소개합니다

우리 가족을 소개하는 글을 써 보세요. 겉으로 보이는 모습, 자주 하는 말, 좋아하는 음식 등을 떠올리면서요. 속마음이 어떤지 가늠해 보는 것도 좋아요.

> 우리 가족은 아빠, 엄마, 나, 강아지 토리가 있어요. 아빠는 컴퓨터 바이러스를 잡는 일을 하는데 매일 컴퓨터를 보느라 거북목이 되었어요…..

아빠 목소리로 우리 가족이 좋아하는 그림책을 읽어 보자.

말놀이 문해력 · 독해력, 추리력

힌트로 책을 찾아라

메모에 써 있는 힌트를 보고 책을 찾아 보세요. 메모에 쓰인 도움 단서를 잘 읽어 보세요. 책에 나오는 보물 글귀를 적어 놓는 것도 좋겠지요?

제목에 숫자가 들어 있다.
책의 주인공은 곰이다.

찾았다, 『곰 세마리』!

이번에는 역할을 바꾸자. 내가 엄마(아빠)께 책을 찾는 단서를 써 보자.

어린이날 VS 크리스마스

어린이날과 크리스마스 중에 어느 날이 더 좋은가요? 둘 다 좋다고요? 하지만 의견을 내놓을 때는 정확하게 한 가지를 선택해서 명확하게 말하는 것이 좋아요.

크리스마스가 더 좋지! 산타할아버지의 선물을 받을 수 있잖아!

'어린이날이 좋다 VS 내 생일이 좋다'
둘 다 행복한 날이지만 내 의견을 정해서 말해 보자.

넌 어떻게 춤을 추니?

티라 헤더 글 그림, 천미나 옮김
(잭과콩나무)

기분이 좋은 날은 물론 비가 오거나 울적한 날에도 자유롭게 몸을 흔들며 춤을 추다 보면 어느새 기분이 좋아진다는 이야기예요.

나만의 춤을 만들고 어울리는 이름을 붙여 주자.

몸에서 나는 소리

우리 몸의 움직임을 다양한 소리와 움직임을 나타내는 낱말로 표현해 보세요. 내 몸을 좀 더 자세히 알아갈 수 있어요. 얼굴부터 해 볼까요?

 눈은?

깜빡깜빡! 코는?

 킁킁! 입은?

 큰 종이에 누워 엄마가 나를 대고 그린 후 실감나게 나를 그려 보자. 완성된 그림을 들고 사진으로 찰칵!

문해력 놀이

9월

문해력 놀이

5월

글자 지우기 게임

붙여 쓴 문장 사이사이에 있는 의미 없는 글자를 지워 올바른 문장으로 만드는 놀이예요. 마지막 글자를 지운 사람은 누구일까요?

모든사손님들이과신랑요과 신부을를축하해다주었어요.

모든 V 손님들이 V 신랑 V 과 신부 V 를 축하해 V 주었어요.

이번에는 내가 의미 없는 글자가 섞인 문장을 만들어보자. 누구에게 풀어보라고 할까?

슈퍼 거북

유설화 글 그림 (책읽는곰)

토끼와의 경주에서 이긴 거북이 꾸물이는 '슈퍼 거북'이라는 별명을 얻어요. 그 후로 꾸물이는 사람들이 실망할까 봐 달리기 연습을 열심히 하지만 마음은 행복하지 않지요. 마침내 느릿한 자신의 삶을 되찾고 다시 행복해지는 이야기예요.

내가 행복해지는 말은 뭐가 있을까?

생각 말하기 놀이 상상력, 이야기 구성력

선생님이
AI 로봇이라면

만약 선생님이 어느 날 인공지능 로봇으로 바뀌었다면 어떤 일이 벌어질까요? 상상하여 이야기해 보세요.

> 급식 시간에 밥도 먹지 않고, 편식하지 말라고 '삑삑' 경고음이 울리는 건 아닐까?

우리 선생님을 웃게 할 수 있는 방법은 뭐가 있을까? 2가지만 말해 보고, 내일 당장 실천하자.

쿵쿵따 끝말잇기

세 글자로 된 낱말로 끝말잇기를 하는 놀이예요. 낱말 끝에 '쿵쿵따'를 붙여 리듬을 타서 놀이해 보세요.

 고양이, 쿵쿵따

 이발소, 쿵쿵따

 소나무, 쿵쿵따

 무궁화, 쿵쿵따

 쿵따를 붙여 두 글자 끝말잇기를 해 보자.
철도 쿵따, 도로 쿵따!

씰룩씰룩 의태어

의태어는 사람이나 사물의 움직임을 흉내낸 말이에요. 의태어를 넣어서 글을 쓰면 훨씬 풍요로워지지요. 관심 있는 것을 잘 관찰하고 의태어를 넣어 표현해 보세요.

아기가 춤을 춘다.

아기가 씰룩씰룩 춤을 춘다.

토실토실 아기가 씰룩씰룩 춤을 춘다.

내가 읽고 있는 책에서 의태어를 3개만 찾아보자.

이순신 장군 인터뷰

오늘은 이순신 장군(1545~1598)이 태어나신 날이에요. 내가 만약 타임머신을 타고 가서 이순신 장군을 만나 인터뷰하게 된다면 어떤 질문을 하고 싶은가요?

장군님, 왜 배 모양을 거북이로 했나요?

어린이들에게 하시고 싶은 말씀은요?

만약 타임머신을 타고 옛날로 갈 수 있다면 언제로 가고 싶니? 그 이유는 뭐야?

백지장도 맞들면 낫다

'백지장'은 하얀 종이 한 장을 말해요. 가벼운 종이도 둘이 들면 더 쉽다는 말로 아무리 쉬운 일이라도 여럿이 힘을 합치면 혼자 하는 것보다 훨씬 더 쉬워진다는 뜻이지요.

우리 책상을 함께 옮기자. 백지장도 맞들면 낫다잖아.

백지장 한 장은 정말 가볍지. 머리 위에 얹은 후 떨어뜨리지 말고, 거실을 한 바퀴 걸어 보자.

읽은 내용 기억하기

중요한 일이 일어났을 때 빠뜨리지 않고 쓰는 원칙이 있어요. 바로 육하원칙(누가, 언제, 어디서, 무엇을, 어떻게, 왜)이죠. 오늘 읽은 책을 기억하며 한 가지씩 말해 보세요.

책에는 누가 나오지? 언제 일어난 일이야?

어디에서 있었던 일이지? 왜 그런 거야?

무슨 일이 있었어? 그래서 어떻게 됐니?

오늘 하루 있었던 일을 육하원칙을 따져서 말해 보자.

위로가 담긴 처방전

주인공의 마음을 느끼며 동화를 읽다 보면 주인공을 응원하거나 위로하고 싶은 마음이 들어요. 주인공의 마음을 다독이는 처방전을 써 보세요.

> 성냥팔이 소녀에게는 꽁꽁 언 몸과 마음을 녹이는 약을 처방해 줄래. 부작용은 너무 많이 먹으면 땀띠가 날 수 있어.

슬픈 생각이 들 때 위로가 되는 격려하는 말 3가지만 써보자.

귀가 번쩍 뜨이다

들리는 말이나 이야기가 그럴듯해서 선뜻 마음이 끌린다는 뜻이에요.

저녁으로 치킨을 먹는다는 소리에 귀가 번쩍 뜨였다.

'귀'가 들어간 관용어야. 무슨 뜻인지 알아보자.
귀를 의심하다, 귀가 따갑다

옛날 물건 오늘날 물건  퀴즈

옛날에 사용하던 물건이 오늘날에 와서는 없어지기도 하고, 더 편리하게 변화하기도 해요. 물건에 관한 설명이 맞으면 O, 틀리면 ×를 고르세요.

1. 옛날에는 물레로 옷을 지어 입었다.   O X

2. 옛날에는 인두로 옷을 다려 입었다.   O X

3. 오늘날에는 인두 대신 선풍기를 사용한다.   O X

4. 맷돌 대신 오늘날에는 전자레인지를 사용한다.   O X

낱말 3개로
눈물 나는 문장 만들기

전혀 상관 없는 낱말 세 개를 골라서 눈물이 뚝 떨어질 만큼 슬픈 문장을 만들어 보세요.

원숭이 야구장 꼬리

원숭이가 야구장에서 응원하는데 갑자기 공이 날아와 꼬리에 맞아 엉엉 울었다.

'원숭이, 야구장, 꼬리'로 배꼽잡는 문장을 만들어보자.

흰 이슬과 흰 새

오늘은 절기로 본격적인 가을이 시작된다는 '백로'예요. 흰 이슬이라는 뜻이지요. 그런데 '백로'라고 하면 다리가 가늘고 긴 흰 새도 떠올라요. 이처럼 소리는 같지만 뜻이 다른 낱말을 '동음이의어'라고 해요. 동음이의어에는 어떤 것이 있을까요?

타는 '말', 사람들이 하는 '말', 깜깜한 '밤', 먹는 '밤'이 있지.

동음이의어를 넣어 짧은 글을 지어 보자.

꽃 이름 초성퀴즈

향긋한 꽃내음을 맡으면 기분도 좋아지지요.
초성을 보고 어떤 꽃 이름인지 맞혀 보세요.

1. ㅁ ㄱ ㅎ
2. ㄱ ㄴ ㄹ
3. ㅈ ㄷ ㄹ
4. ㅈ ㅁ
5. ㄴ ㅍ ㄲ

장바구니 목록

엄마 아빠는 장을 보러 갈 때, 사야 할 것을 꼼꼼히 적지요. 오늘은 내가 목록을 적어 볼까요? 물건 종류 별로 적으면 더 좋아요.

무엇이 필요할까?
냉장고에 우유와 달걀이 없네.
내가 쓸 학용품도 필요해. 천사점토랑…

장을 보고 집에 온 후 빠진 것은 뭐가 있는지 살펴보고, 다음에 갈 때 살 수 있도록 냉장고에 붙여 놓자.

멋쟁이 방울토마토

 방울토마토 씨앗이나 모종, 흙, 화분, 물

화분에 방울토마토나 상추 등을 심어 키워 보세요. 해와 바람이 잘 통하는 곳에서 3~4일에 한 번씩 물을 주면 성공! 조그만 씨앗에서 어떻게 방울토마토가 되는지 관찰하며 글과 그림으로 기록해 보세요.

 식물에게 적합한 햇빛, 온도, 습도를 제공하며, 병충해를 막고, 비료 등 영양분을 주세요.
그러면 발아 → 성장 → 개화 → 결실의 단계를 거쳐 자라요.

9 / 9

말놀이 문해력　　　　　　　　　　　언어유연성, 음운이해력

고양이처럼 말할까

오늘은 우리나라에서 정한 '고양이의 날'이에요. 우리와 오랜 시간 함께하고 있는 고양이를 떠올리며, '냥'이나 '옹'으로 말해 보세요.

이제부터 고양이처럼 말하는 거냐옹~

나는 진짜 고양이가 되고 싶다냥~

요가 자세 중에 고양이 자세는 허리를 튼튼하게 한대.
영상을 보며 따라해 보자

책놀이 문해력　　　　　　　　　상상력, 이야기 구성력

제목 보고
내용 상상하기

새로운 책을 만날 때 어떤 생각을 하나요? 책 제목을 보며 어떤 이야기일까 상상해 보세요. 그리고 다 읽은 후 내가 상상했던 내용과 비슷한지 이야기해 보세요.

『7년 동안의 잠』이라고?
작가는 왜 이런 제목을 지었을까?

『돌 씹어 먹는 아이』는 어떤 내용일까?

책을 다 읽은 후에 나라면 제목을 어떻게 지었을지 생각해 보자.

신체 문해력 / 신체발달, 예술성

리본 돌리기

준비물 색 리본(약 2m), 나무젓가락, 테이프

나무젓가락에 리본을 묶어 다양한 방법으로 돌리고 신나게 흔들어 보세요.

리본을 바닥에 대고 좌우로 흔들면 긴 뱀이 되네! 막대를 잡고 멀리 날려 보자. 슝-!

리본이 움직인 모양을 스케치북에 그려 보자.

합치면 신기해!

오늘은 '과학의 날'이에요. 일상생활에서 물건들을 합쳤을 때 편리해지는 것이 있어요. '지우개연필'이 그렇지요. 합쳐지면 더 좋아지는 물건은 뭐가 있을지 상상해서 말해 보세요.

 연필+자 = 연필자루에 눈금이 그려진 연필자

조명+셀카봉 = 불 켜지는 셀카봉

 이번에는 두 가지 동물이 합해지면 어떤 모습이 될지 상상해 보자. 날개 달린 달팽이?

9 / 11

책놀이 문해력　　　　　　　　　　독창성, 문제해결력

매력적인 책 띠지를 만들자

책에 둘러져 있는 띠지는 독자에게 책의 중요한 부분을 알려 주지요. 오늘 재미있게 읽은 책에 나만의 띠지를 만들어 보세요.

책을 두를 수 있도록 종이를 자르고, 이 책에서 제일 재미있는 말을 써 넣어야지!

내가 이 책의 작가라고 생각하고, 작가 소개글을 써 보자.

산책하며 간판 읽기

산책하며 거리에 있는 간판을 읽어 보세요. 그리고 첫말 잇기, 끝말 잇기를 해 보세요.

'피'로 첫말 잇기를 해 볼까?
피자 가게, 피부과 …

내가 사장이라면? 가게 이름을 내맘대로 지어 보자.

꽃비와 꿀비

정겨운 순우리말은 '토박이말'이라고도 하지요. 비를 나타내는 토박이말도 있어요. '꽃비'는 비가 꽃잎처럼 흩뿌리듯이 내리는 예쁜 비를 말하지요.

장대처럼 굵고 거세게 좍좍 내리는 비를 작달비라고 해!

작달비, 정말 시원하겠다. 꿀비는 뭘까?

잠깐 왔다 그치는 비는 여우비라고 해. 왜 동물 이름이 들어갈까? 찾아보고 얘기해 보자.

봄비가 내리는 날

오늘은 절기로 '곡우'인데 봄비가 내려 곡식을 기름지게 한다는 뜻이에요. 그래서 곡우에 비가 오면 그해 농사는 풍년이 든다는 말이 있지요. 봄비가 오기를 간절히 바라는 마음에서 봄비를 다양하게 표현해 봐요.

또로롱 토동, 톡톡, 보슬보슬.
비가 많이 오면
쏴아아, 우다다다, 주륵주륵.

온 세상에 봄비가 오는 모습을 그려 보자.

당근과 오이가 열리는 나무

우리가 먹는 채소 중에는 열매와 잎, 또는 뿌리와 줄기를 먹는 것이 많아요. 깨와 깻잎처럼요. 그런데 가까운 미래에는 더 신기한 식물이 나오지 않을까요? 상상해서 글로 쓰고, 이름도 지어 보세요.

> 땅속에서는 당근이 자라고, 땅 위에는 오이가 자란다면?
> 또, 사과와 귤이 함께 열리는 나무가 있다면 이름은 애플렌지일거야!

상상한 식물을 그림으로 그려 보자.

나는야 그림책 작가

그림만 있는 책을 골라 나만의 이야기를 만들어 보세요.
주인공의 기분과 하고 싶은 말을 상상해서 말이지요.
정답은 없으니 자유롭게 이야기해요.

이 그림을 보니 주인공이 이렇게 말했을 것 같아. "불쌍한 아이구나, 내가 도와줄까?"

글자 없는 그림책 『구름 공항』, 『케이크 도둑을 잡아라』를 도서관에서 찾아서 읽고 이야기해 보자.

우리 집 북카페

 종이, 사인펜 등

우리 집을 북카페로 꾸며 보세요. 예쁜 간판과 메뉴판도 만들어요.

> 북카페 이름으로
> '책 먹는 여우'는 어때?
> 여우를 그려서 간판도 만들자!

 북카페에서 지켜야 할 주의사항도 3가지만 적어 보자.

말 한마디에 천 냥 빚도 갚는다

말 한마디를 잘하면 큰 빚도 갚을 수 있다는 뜻의 속담이에요. '냥'은 옛날에 돈을 세던 단위로 '천 냥'은 아주 큰 돈 이에요. 말이 얼마나 중요한지 알려주지요.

> 말 한마디에 천 냥 빚도 갚는다고,
> 누나한테 진심으로 말했더니
> 누나가 내 사과를 받아줬어.

언제 들어도 기분 좋아지는 말 3가지만 써 보자.

밝은 달 아래 강강술래

강강술래는 추석날 보름달 아래에서 여러 사람이 손을 잡고 노래를 부르며 둥글게 함께 도는 전래놀이에요.

강강술래는 이순신 장군이 만들었대.

보름달을 보며 소원도 빌어보자. 어떤 소원을 빌까?

양손으로 한쪽 다리를 잡고 상대방과 부딪치는 '닭싸움'을 해 보자.

칠교 공원

준비물 칠교놀이 도안(또는 색종이), 가위

칠교는 7개의 도형으로 이루어진 놀잇감이에요. 조각을 모두 사용해서 여러 가지 모양을 만들 수 있어요.

칠교로 나무를 만들어 보자. 서 있는 사람, 앉아 있는 사람도 만들 수 있지.

칠교로 말 탄 사람과 배 탄 사람을 만들어 보자.

반달 닮은 송편

준비물 멥쌀가루 익반죽, 소(콩, 깨설탕), 참기름 등

동그랗게 굴린 반죽 가운데를 구덩이처럼 만들어 소를 넣은 후 반달 모양으로 빚어요. 요리하며 '떡'이 들어가는 속담을 이야기해요.

> 남의 떡이 더 커 보인다더니
> 네가 만든 게 더 맛있어 보여!

내가 만든 송편에 이름을 붙여 주자.

| 말놀이 문해력 | 청각주의력, 음운이해력 |

지글지글 보글보글

"쨍그랑!" 아이쿠, 주방에서 그릇이 깨지는 소리가 나네요. 주방에서 나는 소리에 가만히 귀 기울여 듣고, 말로 표현해 보세요.

탁탁탁

계란 깨는 소리

보글보글, 부글부글

찌개 끓는 소리!

식사할 때 나는 소리는 무엇이 있을까? 짭짭, 후루룩!

9 / 17

기념일 놀이   **어휘력, 과제수행력**

알록달록 색동저고리

즐거운 명절에는 우리나라의 전통 의상 한복을 입지요. 한복은 세계에서 아름다운 옷으로도 유명해요. 한복에 대해 알아보고, 한복 작은 책을 만들어 보세요.

색동저고리에서 색동은 빨강, 파랑, 노랑, 흰색, 검정색이래!

 **남자, 여자 한복 작은 책을 만들어 보세요.**
(도안 다운로드)

4/14

요리 문해력　　　　　　　　소근육 발달, 예술적 감각

고운 꽃 화전

준비물 찹쌀가루 익반죽, 식용꽃, 소금, 식용유, 꿀 등

찹쌀 전병에 꽃을 올려 먹는 요리예요. 반죽을 한입 크기로 동글납작하게 만들어 프라이팬에 올리고 꽃을 놓아 노릇하게 구워요. 다양한 색깔 표현을 말해 보세요.

> 분홍색 진달래랑 보라색 제비꽃을 구워볼까?

다 먹은 후 식탁을 깨끗이 닦자. 쓱싹쓱싹, 깔끔!

변신 대장 달

밤하늘의 달은 볼 때마다 모양이 조금씩 다르지요. 달이 지구 주위를 한 바퀴 도는 데는 약 30일이 걸려서 같은 모양의 달은 한 달 후에 볼 수 있는 거지요. 둥근 달을 보고 소원을 빌면 이루어진다는데, 오늘 어떤 소원을 빌어 볼까요?

원리 달은 지구의 약 1/4 크기이고, 달과 지구는 태양 빛을 받기 때문에, 지구와 태양의 위치에 따라 달의 모양이 달리 보여요. 제일 얇은 초승달에서 점점 커져서 반달이 되고, 둥근 보름달이 되었다가 다시 점점 작아져 그믐달이 되지요.

로꾸거, 로꾸거 이랑호

'로꾸거'를 반대로 말해 보세요. 거꾸로! '로꾸거' 게임은 앞 사람이 거꾸로 말한 낱말을 바르게 말하며 맞히는 놀이예요. 동물 이름으로 시작해 볼까요?

로꾸거, 로꾸거, 리수독!

똑바로, 똑바로, 독수리!
로꾸거, 로꾸거, 소뿔코!

이번에는 친구 이름으로 로꾸거 게임을 해 보자.

달아달아 밝은 달아

옛날 사람들은 달에 계수나무가 있다고 생각했어요. 달에 계수나무 집을 지어 부모님과 오래 살고 싶은 마음을 담아 '달아 달아 밝은 달아'라는 노래를 불렀어요.

달아 달아 밝은 달아 이태백이 놀던 달아
저기 저기 저 달 속에 계수나무 박혔으니
옥도끼로 찍어 내고 금도끼로 다듬어서
초가삼간 집을 짓고 양친 부모 모셔다가
천년만년 살고지고 천년만년 살고지고

새로운 가사를 붙여 정겹게 불러 보자.

4/12

기념일 놀이 · 이해력, 언어표현력

도서관 예절을 지키자

오늘은 도서관에 대해 더 잘 이해하고 이용하겠다고 약속하는 '도서관의 날'이에요. 즐거운 책 읽기를 위해서 지켜야 할 약속에 관해 이야기해 보세요.

> 사뿐사뿐 걷고,
> 이야기는 소곤소곤.
> 책은 소중하게 다뤄요.

사자가 도서관의 예절을 알게 되는 『도서관에 간 사자』를 읽어 보자.

물건 특징 수수께끼

수수께끼에는 우리가 사용하는 물건의 모습이나 특징을 생각하며 만든 것이 많아요.
요리조리 궁리하여 특징 수수께끼를 맞혀 보세요.

1. 불은 불인데 뜨겁지 않은 불은?

2. 닦으면 닦을수록 더러워지는 것은?

3. 여름에는 일하고 겨울에는 쉬는 것은?

4. 추울 때나 더울 때나 언제나 차가운 것은?

도깨비 빤스

'도깨비 빤스'라는 전래동요를 알고 있나요? 전래동요는 옛날부터 전해 내려오는 노래를 말해요. 오늘은 '도깨비 빤스'의 노래 가사를 바꿔 보세요.

도깨비 빤스는 튼튼해요
질기도고 튼튼해요
호랑이 가죽으로 만들었어요

마녀의 망토는 튼튼해요
검정색에 폼 나지요
박쥐의 가죽으로 만들었어요

내가 만든 가사로 '도깨비 빤스'를 신나게 불러 보자.

캐릭터 카드 만들기

동화책에 나오는 인물을 넣어 캐릭터 카드를 만들어 보세요. 포켓몬 카드처럼 인물의 얼굴을 그리고, 이름과 특징을 쓰는 거예요. 친절도, 배려심, 능력치 등을 점수로 나타내 보세요.

『해치와 괴물 사형제』에 나오는 등장인물들의 카드를 만들어야지. 해치는 불을 뿜는 능력이 있으니 능력치는 100점. 또…

내가 만든 캐릭터를 점토로 만들어 전시하자.

우리 가족 투표

우리나라는 민주주의 국가로 국민의 의견을 반영하기 위해 '선거'라는 제도가 있어요. 대통령, 국회의원 등을 국민이 직접 투표해서 뽑는 거지요. 우리 가족의 특징으로 투표해 보세요.

> 우리 집에서 가장 친절한 사람은?
> 가장 힘들 것 같은 사람은?
> 가장 깨끗한 사람은?

투표 결과를 그래프로 만들어 보자.

촉감 주머니 놀이

주머니 속에 있는 물건이 무엇인지 손으로 만져서 맞혀 보세요. 눈으로 보지 않고, 오직 손의 감촉만으로 느껴 추측하는 놀이예요.

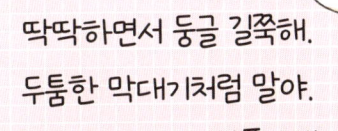

딱딱하면서 둥글 길쭉해.
두툼한 막대기처럼 말야.
사인펜인가? 아니, 딱풀이겠다.

어떤 물건인지 맞혔으면 이제 역할을 바꿔보자. 어떤 물건을 주머니에 넣으면 좋을까?

마음 속 황금 문장

책을 읽다 보면 특별히 내 마음에 남는 '황금 문장'이 있어요. 읽은 책에서 황금 문장을 찾고 그 이유도 말해 보세요.

오늘 읽은 책에서 황금 문장이야.
'행복하다는 건 너를 신나게
뛰어가게 하는 거야.'

오늘 읽은 책에서 가장 마음에 드는 그림을 고르고 그 이유를 말해 보자.

동서남북에게 물어보자

준비물 색종이, 연필

색종이로 동서남북을 접고, 안쪽에 미션(방 청소, 줄넘기 10분) 또는 직업(디자이너, 요리사) 등 다양한 분야의 낱말을 쓴 후 놀이해요.

동쪽으로 3번, 남쪽으로 2번! 뭐야, '신발정리'가 걸렸네!

동서남북에 책 제목을 쓰고, 걸린 책을 읽어 보자.

내가 대통령이라면

내가 만약 대통령이라면 어린이들을 위해 가장 먼저 어떤 일을 하고 싶나요? 이 약속을 글로 써 보세요. 대통령의 약속은 어려운 말로 '공약'이라고 해요.

> 어린이가 하교하는 시각과 엄마, 아빠의 퇴근 시간을 똑같이 맞추겠습니다.

만약 어린이가 대통령이 된다면 어떤 일이 일어날까?

글놀이 문해력　　　　　　　　　소근육발달, 집중력

과자봉지 낱말 게임

과자 봉지에서 글자를 오려서 낱말을 만들어 보아요. 엉뚱한 낱말이 나올지도 몰라요. 친구와 함께 누가 더 많이 만드는지 게임으로 놀아 보세요.

과자 봉지에 있는 그림의 반을 흰 종이에 오려 붙인 후, 나머지 반쪽을 재미있게 그려 보자.

4/7

말놀이 문해력　　　　　　　음운이해력, 집중력

입 모양 보고 맞히기

소리를 내지 않고 낱말을 말하면 입 모양을 보고 알아맞히는 놀이예요. 카드에 미리 몇 개의 낱말을 써 놓고 놀이해 보세요.

> 거실에 보이는 걸로 하자!
> 냉장고, 식탁.
> 쉿! 소리 내면 안 돼!

이번에는 1분 동안 창밖에 보이는 걸 교대로 말해 보자.

생각 말하기 놀이　　　　　**논리적 사고력, 이야기 구성력**

팥 붕어빵 VS
슈크림 붕어빵

팥이 들어간 붕어빵과 슈크림이 들어간 붕어빵 중에서 어떤 게 더 맛있나요? 둘 다 맛있다고요? 하지만 의견을 말할 때는 한 가지 선택해서 명확하게 말하는 게 좋아요.

> 슈크림 붕어빵이 최고야!
> 부드럽고 달콤한게
> 입에서 살살 녹지.

붕어 모양 말고 다른 모양이면 어떨까? 고래빵은 어때? 생각을 이야기해 보자.

4/6

퀴즈 문해력   기억력, 기초 쓰기

동물 이름 맞춤법 퀴즈

맞춤법이란 말과 글을 사용할 때 사람들이 약속한 규칙이에요. 어렵더라도 정확하게 쓰는 것이 중요해요. 아래 동물 이름을 맞게 쓴 것을 골라 보세요.

1	암탉	암닭
2	애벌래	애벌레
3	박쥐	박지
4	갈메기	갈매기

계단 박수 놀이

'계단 박수 놀이'는 박수 치는 숫자를 계단처럼 하나씩 높였다가 다시 하나씩 내리면서 치는 놀이에요. 3층에서부터 시작해 보세요.

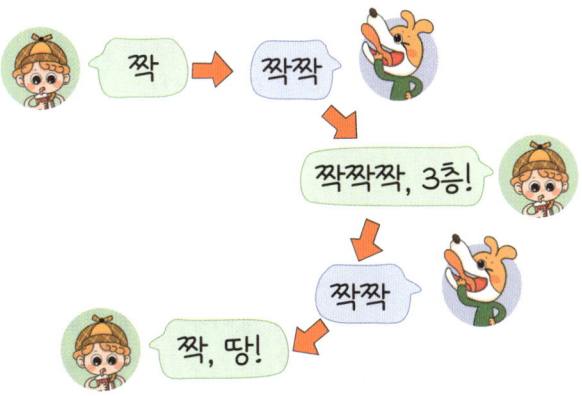

온 가족이 다함께 '건강 박수'를 쳐 보자. 주먹 박수, 손가락 박수, 손바닥 박수, 손목 박수를 4번씩 치는 거야.

아이엠그라운드 나무 이름 대기

'식목일'은 나무를 아끼고 잘 가꾸도록 권장하는 날이에요. 다양한 나무 이름을 알아보고, 나무 이름 대기 게임을 해 보세요.

이번에는 '꽃 이름 대기'를 해 보자.

배꼽을 쥐다

배가 아플 정도로 웃음이 나와서 배를 움켜잡고 크게 웃는다는 뜻이에요.

영상에서 원숭이가 나무에서 뚝 떨어지는게 얼마나 웃기던지 배꼽을 쥐었지 뭐야.

'배'가 들어간 관용어야. 무슨 뜻인지 알아보자.
배가 등에 붙다, 배를 불리다

4/4

`신체 문해력`　　　`신체조절능력, 집중력`

망으로 노는 사방치기

`준비물` 분필, 망(작은 돌멩이)

땅에 그린 사방치기 판에 망(돌멩이)을 던진 후 1단부터 8단까지 뛰어 돌아오는 전래놀이에요.

이런, 돌이 밖으로 나갔네.

3, 6단에서는 깨금발(한발)로 해야지. 선 밟았다, 이제 순서 바꾸자.

친구들과 '여우야 여우야 뭐하니'를 해 보자.

9 / 28

책놀이 문해력   신체발달, 문장구사력

강아지 똥이 수박 수영장에 빠졌다

미끄럽지 않은 바닥에 그림책 7~8권을 깔아 놓고, 징검다리를 건너듯 밟아 가며 문장을 만들어 보세요. 제목이 재미있는 책을 두면 더 재미있는 문장이 나올 거예요.

> 『강아지 똥』이 『수박 수영장』에 빠져서 허우적대다가 나와서는 『이게 정말 천국일까』하고 생각했다.

그림책 한 권을 머리에 얹고 떨어뜨리지 않도록 조심하면서 거실을 한 바퀴 걸어보자.

봄바람이 얼굴을 간지럽히는 날

따뜻하면서도 변화가 많은 봄 날씨를 재미있게 표현해 보세요.

겨울이 꽃님을 시샘하는 날
황사먼지가 안개인 줄 착각한 날
유리창에 예쁜 은구슬 떨어지는 날

내가 쓴 날씨 표현 중에서 오늘 날씨와 가장 비슷한 표현을 써 보자.

스피드 퀴즈 게임

낱말 카드에 다양한 낱말을 적고, 한 사람이 질문자에게 카드를 보여주고, 다른 한 사람이 문제를 맞히는 놀이에요. 다양한 직업 이름을 적어 놀이해 보세요.

> 직업에는 경찰, 과학자, 소방관, 의사, 프로게이머, 판사 등이 있어!

'아이엠그라운드' 직업 이름 대기 게임을 해 보자.

미술 문해력　　　　　　　　　　　　　　공간지각능력, 자존감

응원 비행기

준비물 색종이, 연필

종이에 나를 응원하는 말을 쓰고, 비행기를 접은 뒤 내가 쓴 말을 외치며 비행기를 날려요.

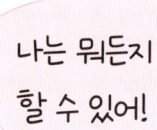

나는 뭐든지 할 수 있어!

나는 내가 자랑스러워!

나는 이미 멋진 곰이야.

엄마와 비행기 멀리 날리기를 시합해 보자.

| 그림책 놀이 | | 문장이해력, 공감력 |

알사탕

백희나 글 그림 (책읽는곰)

친구가 없어 혼자 놀던 동동이가 신비한 알사탕을 먹으며 낡은 소파, 늙은 개 구슬이, 아빠, 돌아가신 할머니의 목소리를 듣고, 속마음을 알게 되면서 친구들에게 다가가 말을 걸게 되는 가슴 뭉클한 이야기예요.

신비한 알사탕을 맛보게 되는 날을 기대하며
'알사탕'으로 삼행시를 지어 보자.

메모리 게임

메모지 16장에 여덟 가지 꽃 이름을 두 번씩 써서 준비해요. 카드 16장을 뒤집어 놓고 두 장씩 동시에 뒤집어 같은 카드가 나오면 가져오는 게임이에요. 카드를 많이 가진 사람이 이기지요.

봄꽃 이름엔 진달래, 개나리, 장미, 튤립, 벚꽃, 유채꽃, 목련, 팬지가 있어.

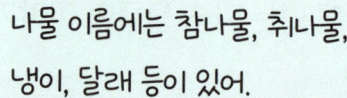

나물 이름에는 참나물, 취나물, 냉이, 달래 등이 있어.

'봄에 피는 꽃은'으로 말 덧붙이기 놀이를 해 보자.

문해력 놀이

10월

문해력 놀이

4월

하늘, 땅, 바다를 지켜요

오늘은 우리나라를 지키는 군대와 군인들에게 감사하는 '국군의 날'이에요. 하늘을 지키는 공군, 땅의 지키는 육군, 바다를 지키는 해군이 있지요.
그렇다면 하늘, 땅, 바다에 사는 동물들은 뭐가 있는지 각각 30초씩 빠르게 말해 보세요.

하늘에 사는 동물은 독수리, 까치, 참새, 부엉이가 있지!

만약 군인이 된다면 어디를 지키는 군인이 되고 싶은지 말해 보자.

고구마구마

사이다 글 그림, 반달(킨더랜드)

크고 작고, 털이 나는 등 다양한 고구마들이 땅속에서 뽑아져 나와 맛있는 요리가 되고, 소화가 되어 고구마 방귀까지 끼지요. 특히 말의 끝은 항상 '구마'로 표현되어 재미있어요.

말할 때 '구마'로 끝나게 말해 보자. 재밌구마~!

글놀이 문해력 | 자존감, 문장구사력

칭찬이 쌓여가는 수첩

오늘은 멋진 수첩을 하나 준비해서 우리 가족을 응원하는 '칭찬수첩'으로 만들어보세요.

나 권두성. 오늘 친구가 나쁜 말을 했지만 상대하지 않고, 그런 말 하지 말라고 강하게 얘기해 줬다. 나를 칭찬해.

나와 가족에게 쌓여 가는 칭찬의 말은 무엇인지 읽어보자.

3 / 30

기념일 놀이   공감력, 이해력

지구를 위해 불을 끄자

매년 3월 마지막 주 토요일은 '지구의 날'이에요. 에너지 절약을 위해 저녁 8시 30분부터 지구 환경 보호를 위해 1시간 동안 전등을 끄는 캠페인이 있어요. 우리나라도 63빌딩, 남산타워, 숭례문의 전등을 끄지요. 우리도 전등을 끄고 지구 환경 보호에 대해 이야기 나눠요.

자연이 우리에게 환경을 보호하라고 보내는 신호는 무엇일까?

기후 변화에 어려움을 겪는 북극곰이 되어 집안을 걸어 보자.

10/3

기념일 놀이 · 청각주의력, 언어순발력

하늘이 열린 날

오늘은 '하늘이 열린 날'이라는 뜻의 개천절이에요. 우리 민족의 최초 국가인 고조선을 단군왕검이 세운 것을 기념하는 날이지요. 하늘에서 내려온 환웅과 원래는 곰이었지만 100일간 쑥을 먹고 인간이 된 웅녀가 결혼하여 낳은 아들이 바로 단군왕검이에요.
'개천절'에 대해 알게 된 것으로 엄마와 '말 이어가기'를 해 보세요.

'한국을 빛낸 100명의 위인들'을 5절까지 2번만 씩씩하게 불러보자.

| 관용어 문해력 | | 상황이해력, 어휘력 |

해가 서쪽에서 뜨다

해는 원래 동쪽에서 뜨잖아요. 그래서 해가 서쪽에서 뜬다는 말은 상상도 못 했던 일이 벌어지는 것을 말해요.

> 잠꾸러기가 새벽에 일어나다니!
> 해가 서쪽에서 뜨겠네.

'발'이 들어간 관용어야. 무슨 뜻인지 알아보자.
발을 구르다, 발 벗고 나서다

그래서 어떻게 됐을까?

그림책을 읽으면 항상 결말이 있지요. 착한 사람은 복을 받고, 어떤 책은 슬프게 끝나기도 하고요. 오늘은 작가가 되어 동화의 마지막을 이어서 짓고, 책의 맨 뒷장에 예쁜 글씨로 써 보세요.

『좁쌀 한 톨로 장가든 총각』, 『반쪽이』는 모두 "예쁜 색시와 행복하게 살았습니다."라고 끝나. 그런데 색시들은 정말 행복하게 살았을까? 내가 색시라고 생각하고 이야기를 이어가 보자.

내가 지은 이야기를 써 놓은 글 옆에 그림도 한 장면을 그려주자. 진짜 그림책처럼!

책은 장난감이에요

책은 읽기만 하는 게 아니고, 가지고 노는 장난감이기도 해요. 책을 세워서 도미노를 하는 등, 책을 이용한 게임을 생각해 보고 놀이해 보세요.

그림책을 발가락으로 넘기는 게임!

책을 박자에 맞춰 두드리는 박자 게임!

책을 생활에서 사용할 수도 있어. 냄비 받침은 어때?

10 / 5

요리 문해력 | 소근육 발달, 이야기 이해력

데구르르 달팽이롤

> 준비물

식빵 가장자리를 잘라 김발 위에 놓고 잼을 발라 돌돌 말은 후 먹기 좋은 크기로 잘라 꼬치로 고정하면 달팽이 롤 완성! 샌드위치의 유래도 알아볼까요?

'샌드위치'가 원래 사람이었다고?
식사할 시간이 아까워 빵 사이에 고기와
야채를 끼워 먹은 사람의 이름이래.

깨끗하게 설거지를 해 보자. 어른들이 깜짝 놀라겠지?

생각 말하기 놀이  논리적 사고력, 이야기 구성력

봉지 라면 VS 컵라면

라면은 무조건 맛있죠! 그런데 봉지 라면과 컵라면 중 어떤게 더 좋아요? 내가 더 좋아하는 걸 말해 보세요. 이유가 분명해야 흔들리지 않고, 끝까지 주장할 수 있어요.

컵라면이 더 좋아.
3분이면 먹을 수 있지,
설거지 걱정도 없다구!

라면엔 계란을 넣어야지 VS 라면은 맑은 국물이 생명이지. 넌 어때?

동물들의 가을 운동회

동물들이 모여서 '가을 운동회'를 열었어요. 흥미진진한 대결이 펼쳐지는 경기장도 많이 있네요. 과연 어떤 동물들이 승리하게 될까요?

뚱뚱한 얼룩말과 키가 큰 토끼가 달리기 경주에 나갔대. 누가 더 빠를까?

우리 엄마와 선생님이 끝말잇기 대결을 하면 누가 이길까? 그렇게 생각한 이유는 뭐야?

셋 하면 아기 돼지 삼형제

숫자 1, 2, 3을 생각하면 떠오르는 것들을 적어 보세요.
'하나 하면' 노래에 맞추어 생각을 펼쳐 보세요.

1 하면 코리 꼬리 하나, 해님 하나…….
2 하면 안경알 두 개, 젓가락 두 짝…….
3 하면 세발자전거 바퀴 셋…….

10, 20, 30…을 어떻게 읽는지 써 보자. 10은 열, 20은?

벼 이삭은 익을수록 고개를 숙인다

벼의 줄기 끝에는 이삭이 달리는데, 벼가 익으면 이삭이 무거워져 고개를 숙이는 듯 보여요. 이 속담은 지식이 뛰어나고 훌륭한 사람일수록 겸손하다는 뜻이에요.

벼 이삭은 익을수록 고개를 숙인다는 말도 모르니?
1등 했다고 너무 잘난 척하지 마!

"벼 이삭은 익을수록 고개를 숙인다."라고 5번 큰 소리로 외쳐 보자.

| 미술 문해력 | 듣기집중력, 표현력 |

네 맘대로
오징어 그리기

준비물 종이, 연필

한 사람이 생각한 것을 말하면, 다른 한 사람은 그 말을 듣고 그대로 그림을 그리는 놀이에요. 어떤 그림이 나올까요?

> 세모를 그려요.
> 아래 더 큰 세모를
> 그려요. 그리고…

'문어'를 생각하며 아빠와 그림을 그려 보자.

바람은 솔솔
구름은 두둥실

하늘은 파랗고, 바람은 시원한 가을 날씨를 재미나게 표현해 보세요.

양떼구름 이사 가는 날

하늘색과 바다색을 구분하기 힘든 날

빨간 나뭇잎 사이로 햇살이 반짝이던 날

내가 쓴 날씨 표현 중에서 오늘 날씨와 가장 비슷한 표현을 써 보자.

뭐하고 노는 게 재미있는공

공당 놀이는 물어보는 사람은 질문 끝을 "~공?"으로, 대답하는 사람은 대답 끝을 "~당!"으로 하여 묻고 답하는 놀이예요.

 놀이터엔 뭐가 제일 재미있는공?

 철봉에 거꾸로 매달리는게 제일 재밌당!

 엄마(아빠)의 요리 중 뭐가 제일 맛있는 공?

세종대왕님 감사합니다

오늘은 세종대왕이 한글을 만든 것을 기념하는 기쁜 날이에요. 한글을 '훈민정음'이라고 불렀는데 '백성을 가르치는 바른 소리'라는 뜻이에요.
'훈'은 'ㅎ'으로 시작하는 말이지요. '훈민정음'의 첫소리(ㅎ,ㅁ,ㅈ,ㅇ)로 10개씩 낱말을 써 보세요.

> ㅎ은 하늘, 호랑나비, 해바라기, 히야신스, 그리고 ㅁ은…

'세.종.대.왕' 각각 첫 자음 'ㅅ,ㅈ,ㄷ,ㅇ'으로 시작하는 낱말을 10개씩 써 보자!

| 신체 문해력 | | 민첩성, 사회성 |

쌀-보리, 쌀-보리

예전에는 보리보다 쌀이 귀했어요. 그래서 보리 말고 쌀을 가지려고 했지요. 이 놀이도 쌀을 잡는 거예요. 술래는 두 손을 모아 보자기처럼 만들고, 한 사람은 주먹을 쥐고 술래의 손에 보리나 쌀을 외치며 들어갔다 나오는데, 술래는 '쌀'만 잡을 수 있어요.

> 보리, 보리, 쌀!
> 보리인데 왜 잡아?
> 아싸, 잡았다.
> 이번엔 내 차례야!

노래를 부르며 쎄쎄쎄를 해 보자.

속마음 말풍선

책을 읽는 건 주인공의 마음을 헤아리는 과정과 같아요. 책을 읽다가 주인공의 생각이나 속마음을 말풍선에 써서 책에 붙여 보세요. 다시 책을 읽을 때 다른 마음이 든다면 종이를 떼고 새롭게 붙여요.

내가 팥죽할멈이었다면 호랑이한테 호통을 쳤을 거야. 이렇게!
"예끼 이 녀석!
노인도 공경할 줄 모르는 거냐!"

속마음을 그림으로 그려서 붙여 보자.

나를 소개해요

처음 만난 사람에게 나를 소개한다면 어떤 말을 하고 싶나요? 몇 가지 질문에 답을 생각해 보세요. 씩씩하게 이야기하면 더 멋진 소개가 될 거예요.

내 이름은 코리야.
내가 제일 좋아하는 놀이는 탐정놀이야.
왜냐하면….
그리고 내가 가장 좋아하는 음식은 말야…

내가 가장 잘하는 것이 무엇인지 그림으로 그려 보자.

빙글빙글 훌라후프

준비물 훌라후프

훌라후프를 돌리다가 세워 놓고 통과하는 놀이에요.

훌라후프를 세워서 넘어뜨리지 않고 굴려 보자.
훌라후프를 세워놓고 통과해 봐!
허리를 앞으로 숙여서 한 번,
뒤로 젖히고 한 번!

허리로 훌라후프 돌리기 100번 도전!

어린이 물건 수수께끼

수수께끼란 어떤 사물을 바로 말하지 않고 빗대어 한 말을 알아맞히는 놀이에요. 요리조리 생각하여 자주 사용하는 물건 수수께끼를 맞혀 보세요.

1. 틀리면 자꾸 몸을 비벼대는 것은?   O X

2. 일을 하면 할수록 키가 작아지는 것은?   O X

3. 아기도 아닌데 업혀서 학교에 가는 것은?   O X

4. 읽을 수 없는 동화는?   O X

꼬리에 꼬리를 무는, 음식 이야기

꼬리에 꼬리를 물듯이 계속 질문해서 대답을 정리하는 놀이예요. 아빠에게 음식에 관해 꼬리에 꼬리를 물듯이 질문한 후 대답을 엮어 한 문장으로 이야기해 보세요.

어떤 음식을 좋아해?

난 추어탕을 좋아해.

추어탕이 뭐야?

미꾸라지를 넣고 끓인 걸쭉한 국이야.

친구와 게임에 관한 꼬리에 꼬리를 무는 질문을 해서 한 문장으로 정리해 보자.

| 말놀이 문해력 | | 수사 익히기, 어휘력 |

세는 말에도 어울리는 짝이 있지

물건을 셀 때 어울리는 말이 있어요. 물건을 말하면 세는 낱말을 대답하고 다시 물건으로 문제를 내는 게임이에요. 빠르게 하면 더 재미있어요.

 연필은?

 연필 한 자루, 공책은?

 공책 한 권, 양말은??

 양말 한 켤레, 원피스는?

 동물 울음소리로 묻고 대답하며 놀이해 보자. 돼지는?

신체 이름 맞춤법 퀴즈

우리 몸의 기관은 모두 이름이 있어요. 신체 이름을 맞게 쓴 것을 골라 보세요.

1. 무릅 | 무릎
2. 옆구리 | 엽구리
3. 뱃곱 | 배꼽
4. 뒤꿈치 | 뒷굼치

누가 더 많이 등장할까

그림책을 읽다 보면 등장인물 이름처럼 특별히 많이 나오는 낱말이 있어요. 책을 읽으며 자기가 정한 낱말이 몇 번 나오는지 낱말 수 겨루기 놀이를 해 보세요.

『팥죽 할머니와 호랑이』에는 '할머니'와 '호랑이'가 많이 나오지. 난 팥죽으로 할래! 몇 번이 나오나 세어 보자.

『팥죽 할머니와 호랑이』에서 할머니를 도운 친구들의 이름을 찾아 말해 보자.

긍정 당연하지 게임

'당연하지' 게임은 동의하지 않으면 지는 놀이예요. 질문은 마음대로 할 수 있지만, 대답은 무조건 "당연하지!"라고 말해야 하니까요. 긍정의 말로 질문해 보세요.

 넌 지혜롭지?

 당연하지! 넌 용감하지?

 당연하지! 넌 자신감이 넘치지?

 게임에서 진 사람은 이긴 사람 부탁 한 가지 들어주기!

둘 셋 둘 끝말잇기

끝말잇기를 더 재미있게 해 볼까요? 글자 수를 번갈아 가며 하는 끝말잇기예요. 두 글자-세 글자 끝말잇기를 해 보세요.

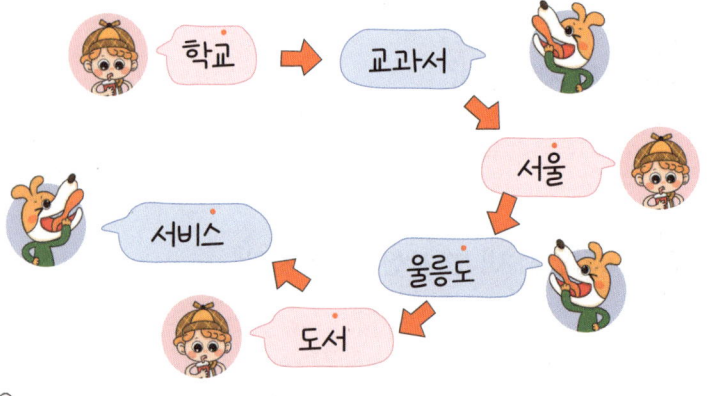

2-3-4 글자로 끝말잇기를 해 보자.

팔다리가 따로따로

 관절 인형 도안, 검은 도화지, 할핀, 가위

관절 인형 도안을 오린 후 검은 도화지에 붙여 다시 오려요. 관절을 할핀으로 연결하면 완성이에요. 이제 으스스한 인형 놀이를 해 보세요.

내 몸에 도대체 뼈가 몇 개야?
팔다리가 따로 움직여! 으흐흐 귀신이다!

 **내 몸에는 어떤 장기가 있고, 무슨 역할을 하는지 알아보자.**

팡팡 팝콘

 팝콘용 옥수수, 버터, 소금 등

프라이팬에 버터를 녹인 후 옥수수 알갱이와 소금을 약간 넣고 섞은 후 뚜껑을 덮어요. 옥수수는 어떻게 바뀌었나요? 모양과 색깔, 맛은 어떻게 변했나요?

 옥수수 알갱이에 열을 가하면 옥수수 속에 남아있던 수분(물)이 수증기로 변하면서 옥수수의 껍질을 뚫고 "펑"하고 터지지요.

토끼는 짝,
거북이는 짝짝

'박수치며 읽기 놀이'는 두 주인공을 고르고 주인공이 나올 때마다 박수를 치는 놀이예요. 콩쥐 팥쥐나 헨젤과 그레텔처럼 두 명의 주인공이 나오는 책을 골라 놀이해 보세요.

『토끼와 거북이』에서 토끼는 허세를 부리다가, 거북이에게 그만 지고 말았어!

토끼와 거북이를 표현하는 의태어를 써보자.
깡충깡충, 엉금엉금~

내가 그린 기린 그림

'빠른 말 놀이'라고도 하는 '잰말 놀이'는 발음하기 어려운 문장을 빠르고 정확하게 말하는 놀이에요. 한 글자도 빠뜨리면 안 돼요.

멍멍이네 꿀꿀이는 멍멍해도 꿀꿀하고, 꿀꿀이네 멍멍이는 꿀꿀해도 멍멍한다!

『간장 공장 공장장』(꿈터)을 읽어보자. 된장, 고추장 등을 알려 주는 공장장님의 이야기를 들어 봐.

생각 말하기 놀이 — 상상력, 이야기 구성력

500년 후로 날아간다면?

머지않아 미래와 과거로 가는 타임머신이 발명된다면 어떨까요? 만약 지금의 내가 500년 후로 날아간다면 뭘 하고 싶나요?

완전히 새로운 교통수단을 타고 (차나 비행기가 아닐걸?) 세계 곳곳을 여행다닐 거야!

만약 500년 전 조선시대에 떨어졌다면 과연 나는 어떻게 살게 될까? 상상해서 이야기해 보자.

개구리 올챙이 적 생각 못 한다

개구리가 자신의 어린 시절인 올챙이 때를 기억하지 못한다는 말이에요. 형편이 나아졌다고 지난날을 잊고 잘난 척하며 뽐내지 말고 자신을 돌아보며 겸손하라는 뜻이에요.

피아노 좀 잘 친다고 잘난 척하기는. 개구리 올챙이 적 생각 못한다고, 누나도 얼마 전까지 나처럼 한 손으로 밖에 못 쳤잖아.

아빠, 엄마의 어릴적 사진 중 가장 귀여운 것을 찾아보자.

'그러나' 문장 만들기

우리말에는 문장과 문장을 연결해 주는 말이 있어요. '그러나'는 서로 반대되는 내용을 이어 주는 역할을 하지요. 오늘은 '그러나'를 넣어서 문장을 연결해 볼까요?

원숭이는 재주를 부렸다.
→ 그러나 사자는 잠만 잤다.

신데렐라는 청소를 했다.
→ 그러나 …

'하지만'이라는 말을 넣어서 문장을 연결해 보자.

콕콕콕 이름 만들기

물감을 묻힌 면봉으로 콕콕 찍어 글자를 만들어 보세요. 여러 색으로 내 이름을 쓰면 더 돋보일 거예요.

 새로 사귄 친구들의 이름을 써 보자.

파란색으로는 내 친구 이름 '권두민'을 써야지.

 물감 묻힌 면봉으로 벚꽃나무를 근사하게 만들어 보자.

솜사탕 구름

오늘 하늘은 어떤가요? 구름 한 점 없이 파란 하늘인가요, 구름이 있는 날인가요?
구름은 모양에 따라 여러 가지 이름이 있어요. 새털구름, 양떼구름, 뭉게구름, 봉우리구름 등. 하늘에 보이는 구름을 보고 이름을 지어 주세요.

원리 물이 햇빛에 증발되어 생기는 수증기가 먼지 등의 물질과 합해지며 작은 물방울이 되어 떠 있는 것이 바로 구름이에요. 땅과 가까이 떠 있는 것은 안개이고, 땅과 멀리 떨어져 있는 것이 구름이지요.

아침에 벌떡 일어나는 방법

아침마다 아무리 알람이 울려도 일어나기 힘들 때가 있어요. 어떻게 하면 일어나야 할 때 벌떡 일어날 수 있을까요? 방법을 이야기해 보세요.

내가 좋아하는 딸기 케이크를 냉장고에 넣어 놓고 자면 아침에 벌떡 일어날 거야!

모든 사람에게는 하루가 24시간이지만 오직 나만 하루가 25시간이라면 그 1시간을 어떻게 보낼까?

지시대로 행동하기

제한 시간을 정한 후 지시어 카드를 한 장 읽고, 잘 기억해서 행동으로 옮겨보는 놀이에요.

- 왼손으로 코를 잡고, 오른손으로는 왼쪽 귀를 잡아라.
- 오른손으로 왼쪽 어깨를 잡고, 왼손은 머리 위에 얹어라.
- 왼손으로 오른발을 잡고, 오른손은 세 바퀴를 크게 돌려라.

'나처럼 해 봐요'를 부르며 상대방의 행동을 따라해 보자.

씩씩박수 게임

박수치기는 건강에도 좋지요. 문장에 박수를 넣어 읽는 거예요. 처음에는 한 글자씩 박수를 치고, 다음에는 두 글자씩 그 다음에는… 짧은 문장부터 긴 문장까지 놀이해 보세요.

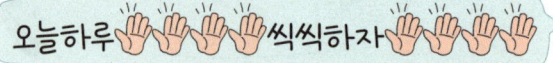

'337박수'와 '대-한민국 박수'도 리듬에 맞춰 쳐 보자.

간이 콩알만 해지다

옛날 사람들은 간이 튼튼해야 용기가 있다고 생각했대요. 그래서 간이 콩알만큼 작아진다면 몹시 무섭고, 두려운 상황이겠죠?

예방주사를 맞는 순서가 다가오니까 간이 콩알만 해지더라고.

'간'이 들어간 관용어야. 무슨 뜻인지 알아보자.
간이 작다, 간이 서늘하다

개구리 멀리뛰기

 색종이, 네임펜

팔딱팔딱 개구리를 접고, 개구리 멀리 뛰기 게임을 해 보세요. 다양한 크기의 색종이로 접으면 개구리가 뛰는 거리가 다르다는 것을 알 수 있어요.

이겨라, 이겨라,
파란 개구리 이겨라!
팔딱팔딱, 펄쩍펄쩍,
풀쩍풀쩍, 슝~

개구리가 뛸 때 어떤 모습일지 의태어와 의성어로 표현해 보자.

10 / 22

글놀이 문해력   정교성, 문제해결력

국어사전 낱말 찾기 게임

책을 읽거나 생활하다가 뜻을 모르는 낱말이 나왔을 때 제일 좋은 방법은 국어사전에서 찾아보는 거예요. 어떤 낱말이 궁금한가요? 사전에서 찾아보세요.

국어사전은 일정한 순서로 되어 있어.
첫 자음자부터 ㄱ, ㄴ, ㄷ 순서로 찾아야 해.
그리고 ㅏ, ㅑ, ㅓ, ㅕ 순서로.
그런데 받침이 있는 글자는 어떻게 찾지?

 **이제 상대방이 말하는 낱말을 국어사전에서 찾는 거야. 사전을 펼쳐 낱말 찾기 게임'을 해 보자.**

책놀이 문해력 · 관찰력, 기억력

작가 이름을 알아보자

책을 읽고 독서기록장을 쓰면 책의 내용과 읽을 때 느낌을 오래 기억할 수 있어요. 그런데 독서 기록장에 똑같은 작가 이름이 나오지 않나요? 작가 이름을 확인해 보세요.

책에서 작가 이름은 어디에 있지?
어라? 작가 이름이 익숙하네.
지난번에 읽은 책에서도 본 이름이야.

내가 좋아하는 책을 5권을 꺼내 작가 이름을 살펴보고, 작가가 쓴 책을 다시 읽어 보자.

모모모모모

밤코 글 그림 (향출판사)

농부가 모를 심고 가꾸어 마지막에는 쌀이 되어 우리 밥상에 올라오기까지의 과정을 농부 아저씨는 '모, 벼, 피, 뽑, 쌀, 욤, 냠'처럼 한두 글자로 유쾌하게 표현한 이야기예요.

지금부터 한 글자나 두 글자로만 이야기해 보자.

신체 문해력   신체발달, 협동심

보자기 공 치기

준비물 고무공(딱딱하지 않은 공), 보자기

보자기에 공을 얹고, 여럿이 보자기 모서리를 잡고 떨어뜨리지 않고 튕겨 올려요.

 모서리를 잘 잡아야 해. 놓치면 안 돼.

높이 튕겨보자, 붕! 아이쿠 떨어졌네!

 요술봉, 효자손 등으로 공 몰기 놀이를 해 보자.

말허리 잇기

허리가 우리 몸에서 가운데인 것처럼 말허리 잇기는 낱말의 가운데 글자로 이어가야 해요. 가운데 글자가 있어야 하니 3글자로 된 낱말로만 이어갈 수 있지요.

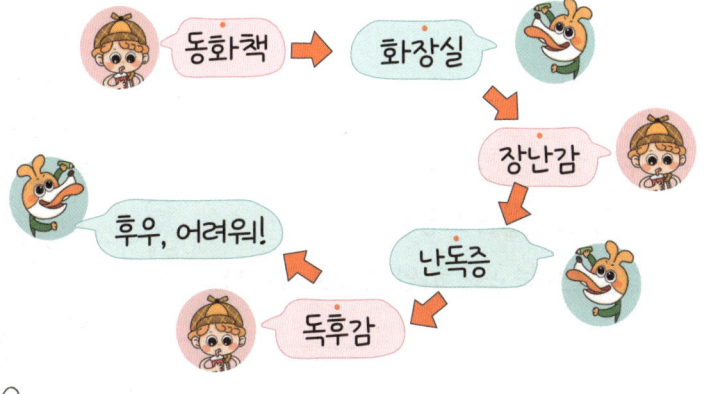

'동화책'으로 세 글자 끝말잇기 '쿵쿵따 게임'을 해보자.

길 찾기 지도 그리기

내가 다니고 있는 학교에서 우리 집까지 어떤 길로 오는지 알고 있나요? 올 때 어떤 가게가 있나요? 횡단보도는 몇 개를 건너야 하나요? 큰 종이에 지도로 그려 보세요.

우리 집이랑 학교를 그리고,
가장 큰 건물은 소방서가 있고 …
길을 건너는 곳은 하얀색 줄로 그리자.

놀이터와 병원, 버스 정류장도 그려 넣자.

10 / 25

기념일 놀이 　　　　　　　　　　　　　문제해결력, 자기표현력

독도는 우리 땅

오늘은 독도를 울릉도의 부속 섬으로 제정하여 독도가 대한민국의 영토임을 알리는 날이에요. 일본은 너무나도 당연한 대한민국의 영토인 독도를 자꾸 국제적인 분쟁 지역으로 만들려고 시도하고 있지요. 일본이 독도를 포기하게 하는 방법은 뭐가 있을까요?

독도가 그려진 우리나라 지도를 전 세계사람들에게 보여주는 거야!

'독도는 우리 땅' 노래를 씩씩하게 부르자.

교통 안전  퀴즈

교통 규칙은 잘 지키고 있나요? 안전은 아무리 강조해도 지나치지 않아요. 교통 안전에 관한 설명이 맞으면 O, 틀리면 ×를 고르세요.

1. 횡단보도에 초록불이 켜지면 안전하므로 바로 뛰어 건넌다. O X
2. 차에서 내릴 때는 먼저 오토바이 등이 없는지 좌우를 살피고 내린다. O X
3. 자전거를 타고 횡단보도를 건넌다. O X
4. 세워져 있는 차 사이를 뛰어다니며 숨바꼭질 놀이를 한다. O X

우리 오목 한판 두자

'오목'은 바둑돌 5개가 나란히 되면 이기는 놀이로 원래는 바둑판에서 바둑알로 두지만 색깔펜만 있어도 충분하지요. 모눈종이처럼 반듯하게 줄을 긋고, 펜으로 바둑돌을 그려 오목을 시작하세요.

힌트를 줄게!
상대방의 동그라미 3개가
나란히 놓이면 반드시
한쪽을 막아야 해!

내가 승리했다면 어떤 전략이 있었는지 말해 보자.
졌다면 왜 졌는지 이유를 설명해 보자.

엉덩이로 이름 쓰기

엉덩이를 옆으로, 앞뒤로 흔들며 내 이름과 가족 이름을 써 보세요.

엉덩이를 요리조리 흔들며 내 이름을 써 보자.

다 쓰면 마침표도 콩!

유리에 입으로 호 하고 불어 하얀 김이 생기면 엄마에게 하고 싶은 말을 써 보자.

이거리 저거리 각거리

`신체 문해력`　　　　　　　　　　`신체발달, 집중력`

둘 이상이 마주 보고 앉아 다리를 엇갈리게 끼워 앉아요. 노래를 부르며 차례대로 다리를 치다가 노래가 끝날 때 치는 다리를 접어요. 마지막에 남는 다리의 주인이 이기는 전래놀이에요.

이거리 저거리 각거리
천사만사 다만사
조리김치 장독간 총채비
파리 딱 ♪ 🎵

부모님의 팔다리를 꼭꼭 주물러 드리자.

리, 리, 리 자로 끝나는 말은?

오늘은 개구리가 놀라 벌떡 일어난다는 '경칩'이에요. 겨울잠을 자던 동물들이 깨어나 꿈틀거리기 시작하는 따뜻한 봄이 된 거예요. '개구리'처럼 '리' 자로 끝나는 말을 이어가 보세요.

리 리 리 자로 끝나는 말은?
개구리, 오리, 너구리, 오소리,
…♪ 🎵

노래에 새로운 가사를 붙여 노래하자.

네 컷 만화

책을 읽고 나서 내용을 네 컷 만화로 그려 보세요. 중요한 사건과 인물을 되짚어 보고, 대사도 써 보세요.

『빨간 모자와 늑대』는
① 빨간 모자 아이가 꽃을 따서 할머니 댁에 감
② 가는 길에 늑대를 만남
③ 늑대가 할머니를 잡아먹음
④ 사냥꾼이 늑대의 배를 갈라 할머니를 꺼냄

가장 인상깊었던 장면을 하나의 큰 그림으로 그려 보자.

내 마음이 들리나요

오늘은 색다르게 그림책을 읽어 볼까요? 먼저 그림만 끝까지 보고, 엄마가 읽어줄 때 눈을 감고 들어 보세요. 그런 다음 책의 그림을 보며 내용을 읽어 보세요.

- 눈을 감고 들어보니 어떤 생각이 들었어?
- 주인공은 지금 어떤 마음일까?
- 어떤 장면이 제일 기억에 남아?

가장 기억에 남는 장면을 그림으로 그려보자. 그림책과 똑같이 그려도 물론 괜찮아.

동물 이름 초성퀴즈

땅에는 다양한 동물들이 살고 있어요.
초성을 보고 어떤 동물 이름인지 맞혀 보세요.

1. ㅋ ㄲ ㄹ
2. ㄱ ㅂ ㅇ
3. ㅎ ㄹ ㅇ
4. ㄱ ㅇ ㅇ
5. ㄷ ㄹ ㅈ
6. ㅋ ㅃ ㅅ

| 요리 문해력 | 소근육 발달, 언어 이미지화 |

파릇파릇
새싹 비빔밥

준비물 새싹 채소, 밥, 고추장, 참기름 등

새싹 채소를 씻어서 밥 위에 올린 요리예요. 고추장이나 양념간장을 넣어 참기름을 둘러 비벼 먹으면서, '새싹' 하면 떠오르는 생각을 이야기해 보세요.

새싹하면 초록빛 들판이 생각나!

수저와 물컵 등을 놓으며 식사 준비를 돕자.

10/30

말놀이 문해력 · 다양성, 어휘력

여러 나라의 고맙습니다

우리에게 한국어가 있듯, 다른 나라에는 영어, 프랑스어, 중국어 등이 있어요. '세계 감사송'이라는 노래에 맞춰 불러 보세요.

한국어로 고맙습니다. 영어로 땡큐 베리 머치, 일본어로 아리가토 고자이마스, 중국어로 시예시예 ~

엄마에게 '감사합니다'라는 말을 중국어로 해 보자.

| 말놀이 문해력 | 청각주의력, 집중력 |

청기 백기 게임

청기 백기 게임은 한 사람의 말을 듣고 명령대로 깃발을 움직이는 놀이예요. 나무 젓가락에 파란색 종이와 흰색 종이를 붙여 청기와 백기를 만들어 놀이해 보세요.

청기 올려, 백기 내려!

청기 내리지 말고, 백기 올려!

오른손 · 왼손으로 게임을 해도 재미있어.

10 / 31

 미술 문해력   예술성, 상상력

구멍 뻥뻥 종이봉투 가면

준비물 종이봉투, 매직펜, 가위, 스티커

종이봉투를 뒤집어 썼을 때 밖이 보일 수 있도록 구멍을 2개 뚫은 후 원하는 대로 꾸며 주세요.

가면을 쓰니까 용기가 생겨. 크게 노래를 부르자!

신나는 음악을 틀고, 인디언처럼 춤추자.

온 나라에 울려 퍼진 대한 독립 만세

'삼일절'은 일본의 통치에 반대하여 전 세계에 우리 민족의 독립을 선언하고, 만세 운동을 펼친 것을 기념하는 날이에요.

삼일절을 생각하면 독립운동가 유관순이 떠오르지요. 유관순 이름 뒤에는 항상 '열사'라는 말이 붙는데, '열사'는 나라를 위해 충성을 다해 싸운 사람을 뜻해요. 유관순은 만세 운동에 앞장서다 체포되어 일본의 심한 고문으로 18세에 감옥에서 생을 마감했어요.

유관순 열사를 생각하며
오늘 태극기는 내가 게양하자.

문해력 놀이

11월

문해력 놀이

3월

책놀이 문해력　　　　　　　상상력, 이야기 구성력

엘사의 손에서 불이 나왔다면

동화에서는 결정적인 사건 하나만 바뀌어도 내용은 물론 결론까지 완전히 달라져요. 동화를 읽고 내용 중에서 딱 한 가지만 바꿔서 이야기를 써 볼까요?

피노키오가 거짓말을 할 때 코가 아니라 다리가 길어졌다면?

<겨울왕국>의 엘사의 손에서 얼음이 아니라 불이 나왔다면?

달라진 이야기를 그림으로 표현해 보자.

동화 주인공 이름 초성퀴즈

동화책 속에는 정말 많은 등장인물이 있지요.
초성을 보고 동화 주인공의 이름을 맞혀 보세요.

1. ㅎ ㅈ
2. ㅅ ㅊ
3. ㅎ ㅂ
4. ㅋ ㅈ
5. ㅇ ㄹ ㄷ
6. ㅅ ㅇ ㄱ

가을의 선물
낙엽 책갈피

 낙엽, 흰색 크레파스, 네임펜

낙엽을 주워서 평평한 곳에 올려놓고, 그 위에 책을 덮어 하루 정도 말린 후 나뭇잎에 글을 써 보세요.

> 낙엽에 무엇을 쓸까?
> 예쁜 가을 동시를
> 써 봐야지.

 큰 낙엽에 시를 써서 좋아하는 책 사이에 끼워 넣자.

발등에 불이 떨어지다

발등에 불이 떨어진다면 빨리 불을 꺼야겠죠. 이 표현은 매우 급한 일이 닥쳐왔음을 말해요.

방학 숙제도 안했는데 벌써 방학이 끝나다니! 발등에 불이 떨어졌네.

'발'이 들어간 관용어야. 무슨 뜻인지 알아보자.
발을 구르다, 발 벗고 나서다

데굴데굴
도토리 글자

준비물 도토리, 밤, 낙엽 등

자연에서 주운 도토리, 밤, 낙엽 등으로 글자를 만들어 보세요.

ㅇ은 밤으로 표현해 볼까?
떨어진 나뭇가지로 ㅏ, ㅑ, ㅓ 를 만들자.

도토리를 숟가락 위에 올려놓고, 우리 집 거실 한 바퀴 돌기. 절대 떨어뜨리기 없기!

책 속 숨은그림찾기

그림책 중에는 주제가 되는 그림이 많이 나오는 경우가 있어요. 그럴 때 두 사람이 한 가지씩 선택해서 책을 마음대로 펼친 후 어떤 것이 더 많이 나왔는지 세어보는 놀이에요.

우리가 고른 그림이 내가 펼친 양쪽에는 하나, 둘, 셋 …….

앤서니 브라운의 『돼지책』, 『고릴라』 등을 보면 돼지와 고릴라가 곳곳에 숨겨져 있지.

`말놀이 문해력`　　　　　　　　　　`언어순발력, 어휘력`

스피드 주제어 게임

한 사람이 주제를 말하면 상대방이 주제와 관련된 낱말 다섯 가지를 빨리 외치는 게임이에요. 5초 모래시계를 사용하면 더 재미나지요.

 색깔 이름 대기!

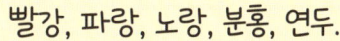 빨강, 파랑, 노랑, 분홍, 연두.

 과일 이름 대기!

사과, 포도, 귤, 감, 배.

 **엄마와 나라 이름을 교대로 말해 보자.**

`말놀이 문해력`   `관찰력, 어휘력`

시장에 가면

말 덧붙이기 놀이는 하나의 주제를 가지고 앞 사람의 말에 내 말을 덧붙여 다음 사람에게 건네는 놀이예요. 오늘은 '시장'을 주제로 말 덧붙이기 놀이를 해 보세요.

 시장에 가면 떡집도 있고,

시장에 가면 떡집도 있고, 신발가게도 있고,

 시장에 가면 떡집도 있고, 신발가게도 있고, 생선가게도 있고,

 **시장에 가면 어떤 소리가 들리는지 교대로 이야기해 보자.**

소 잃고 외양간 고친다

망가진 외양간을 고치지 않아서 소를 잃어버렸어요. 잃어버린 후에 외양간을 고쳐봤자 소용이 없겠죠. 이처럼 일이 잘못된 뒤에는 손을 써도 소용없다는 뜻이에요.

소 잃고 외양간 고친다고
자전거를 잃어버린 후에
자물쇠를 사면 무슨 소용이니?

'동물'이 나오는 속담에는 뭐가 있는지 알아보자.

오곡밥에 나물반찬

'정월대보름'은 설날 이후 처음 보름달이 뜨는 명절날로 여러 가지 전통 풍습이 있어요.

아침에는 부럼을 깨고, 오곡밥에 나물을 먹지요. 밤 늦게까지 **연날리기**(안 좋은 일을 멀리 보낸다는 뜻), **다리 밟기**(밟힌 사람의 다리가 튼튼해지라고 밟음), **달맞이**(보름달이 떴을 때 소원을 빔), **쥐불놀이**(구멍을 뚫은 깡통에 짚단을 넣고 불을 붙여 빙빙 돌리다가 밭에 던져 나쁜 곤충을 죽임), **줄다리기** 등을 하며 하루를 보냈어요.

아빠와 엄마의 다리가 튼튼해지도록 다리 밟기를 해드리자.

아야어여 글자 계산

'아'부터 '이'까지 10개의 모음에 숫자 1~10을 넣어 계산하는 놀이에요. 글자로 물어보고 숫자로 답해 보세요.

아	야	어	여	오	요	우	유	으	이
1	2	3	4	5	6	7	8	9	10

 오 더하기 이 는?

 7, 아니다! 5+10이니까 15야.

 '아, 아, 어, 여'로 시작하는 낱말을 써 보자.

말놀이 문해력   **어휘력, 표현력**

문틈으로 황소바람이 쌩쌩

순우리말은 우리나라 낱말 중에서 한자나 외래어가 섞이지 않은 낱말을 말해요. 그래서 순우리말 낱말은 아주 정겨운 느낌이 들지요. '바람'에 대한 순우리말을 말해 볼까요?

문틈에서 '황소바람'이 들어온다고?
좁은 틈에서도 황소처럼 세게 들어오는 바람이래.

꽃샘바람은 어떤 바람일까?

돌개바람, 고추바람, 산들바람을 몸으로 표현해 보자.

겨울의 시작

오늘은 겨울이 시작된다는 '입동'이에요. 그래서 겨울잠을 자는 동물들은 땅 속에 굴을 파고 들어가고, 나무는 겨울 동안 에너지를 적게 쓰려고 나뭇잎을 떨어뜨리지요. 그러면 사람들은 겨울이 되면 무얼 할까요?

겨울이 되면 스키를 타고 김장도 하고, 또…

'입동'을 시작으로 끝말잇기를 해 보자.

생각 말하기 놀이   상상력, 이야기 구성력

고양이에게만 있고, 호랑이에게는 없는 것

고양이보다 호랑이는 몸집도 크고, 힘도 세지요. 하지만 고양이에게만 있고, 호랑이에게는 없는 것이 있을 거예요. 자유롭게 말해 보세요.

> 고양이에게는 발바닥에 말랑한 젤리가 있지만, 호랑이에게는 없어.

고양이와 호랑이의 같은 점도 찾아보자.

말놀이 문해력　　　　　　　　　　　　집중력, 청각주의력

조용한 호흡 세기 놀이

숨을 한번 들이마시고, 내쉬는 것을 들숨과 날숨이라고 하지요. 오늘은 들숨과 날숨을 한 번으로 세서 1분 동안 몇 번의 호흡을 하는지 세어 보는 놀이를 해보세요.

> 천천히 코로 숨을 들이마시고,
> 입으로 숨을 내쉬면서
> 걱정까지 모두 내보내는 거야.

5분 동안 '침묵 놀이'를 해 보자. 어떤 생각이 들었지?

손바닥 그리기

쫙 편 손바닥을 종이에 대고 그려 보세요. 그리고 내 손을 보며 손톱과 손에 있는 마디, 점, 솜털까지 자세히 그리며 어떤 특징이 있는지 얘기해 보세요.

손에는 손가락이 잘 굽혀지도록 마디가 있지. 또 손바닥에는 선이 있는데 이걸 손금이라고 부른대.

엄마 발바닥을 종이에 대고 그린 후 자세히 표현해 보자.

반짝반짝 내 별자리

밤하늘을 자세히 보고 있으면 반짝반짝 빛나는 별이 보이지요. 제일 잘 보이는 별은 7개의 별이 국자 모양인 북두칠성이에요. 나의 별자리를 찾아 그리고, 왜 그런 이름이 붙었는지 이야기해 보세요.

별은 스스로 빛을 내는 항성을 말해요. 그래서 스스로 빛을 내지 못하는 지구나 달은 별이 아니며, 밝기에 따라 분류되기도 하지요. 별자리는 밤하늘의 별들을 보며 사람들이 붙여준 모양과 이름을 뜻한답니다.

그림책 스토리텔링

그림책 중에는 양쪽 면을 펼쳤을 때 한 면에는 그림만, 다른 한 면에는 글자만 있는 것이 있어요. 오늘은 그림만 보고 이야기를 이끌어가 보세요. 책을 쓴 작가와 생각이 달라도 괜찮아요.

글자가 있는 쪽을 종이로 가리면 그림에 집중할 수 있어요!

나와 작가님의 생각이 같을까?
난 이 그림을 보니 이렇게 얘기하는 것 같아.

내가 이야기 한 내용과 원래 책 내용이 어떻게 달랐는지 비교해 보자.

11 / 10

책놀이 문해력　　　사고력, 문제해결력

우리 집 사서선생님

도서관에서 근무하시는 사서선생님은 도서관을 이용하는 사람들에게 책을 추천하기도 하고, 책에 푹 빠질 수 있도록 다양한 활동을 합니다. 오늘은 우리집 사서선생님이 되어 보세요.

아빠가 읽으면 좋아하실 책을 골라 주자.

엄마에게는 이 책이 좋겠다!

사서선생님은 책을 잘 정리하지?
어른 책과 어린이책을 나누어 책장에 꽂아두자.

직업 이름 OX 퀴즈

세상에는 정말 많은 직업이 있어요. 이 다음에 커서 어떤 일을 하고 싶나요?
직업에 관한 설명이 맞으면 O, 틀리면 ×를 고르세요.

1. 농사를 짓는 사람은 어부이다.　O X
2. 요리를 전문으로 하는 사람은 간호사다　O X
3. 화재를 진압하며 구조하는 사람은 경찰이다.　O X
4. 기차를 운전하는 사람은 기관사이다.　O X

요리 문해력 / 소근육 발달, 어휘력

새콤달콤 소떡소떡

준비물 비엔나소시지, 떡볶이용 떡, 소스, 꼬치 등

소시지와 떡을 데친 후 꼬치에 꽂아 프라이팬에 구워 소스를 발라 먹는 음식이에요. 다양한 맛을 표현하는 말을 떠올려 보세요.

소떡소떡은 매콤하고, 간간하고, 그리고…

어른에게 식사 인사를 할 때는 '진지 잡수세요.' 라고 말하는 거야!

곡식 글자 만들기

쌀, 보리, 콩 등 집에 있는 곡식으로 글자를 만들어 보세요. 쟁반에 수건을 깔고 하면 곡식이 구르지 않아요.

제일 큰 검정콩이 좋겠다. 어떤 글자를 만들까?

내 이름을 만들고, 우리 가족 이름도 만들어야지!

곡식을 섞어 신기한 나무를 만들어 보자. 쌀이 열리는 나무 말이야!

'그래서' 문장 잇기

우리말에는 문장과 문장을 연결해 주는 말이 있어요. '그래서'는 앞의 내용이 뒤의 내용의 원인이나 근거가 되지요. 오늘은 '그래서'를 넣어서 문장을 연결해 볼까요?

기린은 키가 크다.

그래서 높은 나무의 열매를 먹을 수 있다.

'또'라는 말을 넣어서 문장을 연결해 보자.

클립은 왜 자석에 붙을까

준비물: 자석, 종이, 가위, 연필, 지우개, 못, 옷핀, 클립 등

자석에 여러 가지 물건을 대 보고, 붙는 것과 붙지 않는 것을 종이에 적어 보세요. 내가 붙을 거라고 상상했는데 붙지 않는 것은 무엇이었나요? 왜 그럴까요?

원리: 쇳조각을 끌어당기거나 전류에 작용을 미치는 성질을 지닌 물체를 자석이라고 해요. 자석에 붙는 물건은 대부분 금속이랍니다.

양념치킨 VS 프라이드치킨

내가 더 맛있다고 생각하는 것이 양념치킨인지 프라이드치킨인지를 한 가지로 정하세요. 둘 다 맛있어서 고민되지만 그래도 한 가지로 정한 후 이유를 분명히 말해 보세요.

프라이드치킨이 맛있지. 바삭한데다 내가 좋아하는 소스를 찍어 먹을 수 있어!

뼈 있는 치킨 VS 순살 치킨. 어떤게 좋아? 의견을 말해 보자.

말놀이 문해력 **음운이해력, 읽기정확성**

지그재그 말하기

여럿이 마주보고 앉아서 한 음절씩 말하는 놀이예요. 두 명이선 세 글자 낱말로, 세 명일 때는 네 글자 낱말로 하면 재미있지요.

이번엔 369 게임을 해 보자. 3,6,9가 들어가는 수는 박수를 치는 거야.

아나운서 잰말 놀이

아나운서는 뉴스나 안내방송을 진행하는 사람이에요. 여러 사람이 잘 들을 수 있도록 정확하게 발음하죠. 발음이 어려운 문장들을 천천히 또박또박 읽어 보세요.

상표 붙인 큰 깡통은
깐 깡통인가, 안 깐 깡통인가.

도토리가 문을
도로록, 드르륵, 두루룩 열었는가?
드로록, 도루룩, 두르륵 열었는가?

빠르고 정확하게 3번 연속으로 읽어 보자.

천 리 길도 한 걸음부터

'천 리'면 약 400킬로미터예요. 이렇게 먼 길도 시작은 한 걸음을 떼는 것부터지요. 무슨 일이든 그 시작이 중요하다는 뜻이에요.

> 천 리 길도 한 걸음부터라는데, 줄넘기를 방학 끝날 때까지 연습하면 쌩쌩이도 할 수 있을 거야.

어떤 도전을 해보고 싶니? 계획한 건 지금 당장 시작하자. 도전!

독서 골든벨

책놀이 문해력 / 독해력, 과제수행력

책을 읽은 뒤 내용을 잘 기억하고 있나요? 읽은 책의 내용으로 골든벨 놀이를 하면 오래 기억에 남고 다시 한번 책을 읽고 싶은 마음이 들 거예요.

『도서관에 간 사자』 골든벨 문제입니다.
① 사자가 도서관에서 맡은 일은 무엇이었을까요?
② 사자는 도서관에서 어떤 규칙을 어겼을까요?

'독서 골든벨'을 울린 사람에게 줄 상장을 만들자!

달콤하다는 건 뭘까

오늘은 좋아하는 사람들끼리 초콜릿을 주고받으며 좋아하는 마음을 표현하는 날이에요. 좋아한다는 말을 듣거나 내가 좋아한다고 말하는 것, 모두 달콤하죠. 달콤하다는 건 뭘까요?

초콜릿은 달콤해.
엄마 목소리는 더 달콤하지!
그런데 형은 달콤하지 않아.
오히려 쌉쌀하지!

부모님이나 할아버지, 할머니께 카드를 써서 보내자.
달콤한 마음이 드시도록 말이야.

겨울잠 자는 동물  퀴즈

겨울이 되면 활동을 하지 않고 땅속이나 나무 등에서 잠을 자는 동물들이 있어요. 겨울잠 자는 동물에 관한 설명이 맞으면 O, 틀리면 ×를 고르세요.

1. 다람쥐는 겨울잠을 잔다. O X

2. 뱀은 겨울에도 열심히 기어 다닌다. O X

3. 토끼는 추위에 약해서 겨울잠을 잔다. O X

4. 여우는 눈밭을 뛰어다니느라 겨울잠을 자지 않는다. O X

사과 같은 내 얼굴

준비물 거울, 종이, 연필

거울에 비친 내 얼굴을 자세히 보고 그려 보세요.

난 정말 잘생겼단 말야!
내 코는 우뚝하고,
입술 옆에 깨보다는 큰 점이 있고…

반려동물과 같이 산다면 자세히 보며 그려 보자.

청개구리 대장

청개구리는 엄마 말에 항상 반대로 행동했어요. 오늘은 상대방의 말에 반대로 행동하며 놀이해 보세요.

 앉으세요.

일어나야지!

 고개를 왼쪽으로 돌리세요.

난 오른쪽으로 돌릴래!

 로꾸거 게임을 해 보자.

말놀이 문해력   관찰력, 표현력

얼굴 속 숨은 숫자 찾기

엄마(아빠) 얼굴을 자세히 보면서 하나부터 열까지 숫자로 표현해 보자.

- 하나는 뭐니?   오뚝한 코가 하나.
- 둘은 뭐니?   동그란 콧구멍이 둘.
- 열은 뭐니?   얼굴에 깨알 같은 점이 열!

자세히 본 엄마(아빠) 얼굴을 그려서 벽에 붙여 놓자.

칠교 동물원

 칠교놀이 도안(또는 색종이), 가위

칠교는 7개의 도형으로 이루어진 놀잇감이에요. 이 조각을 모두 사용해서 여러 가지 모양을 만들 수 있어요.

 칠교로 토끼를 만들자.

칠교로 나무를 만들자.

 그리고 여우와 오리도 만들자.

 칠교로 사자와 돌고래를 만들어 보자.

신체 문해력 **의사소통능력, 판단력**

2 / 11

웃음꽃 피어나는 윷놀이

준비물 윷판, 윷가락, 말판, 말

윷놀이는 설에 자주 노는 전래놀이예요. 윷을 던져 말을 움직여, 말판을 모두 돌아 들어오면 이기지요.

> 윷 나와라, 모 나와라!
> 얼씨구나, 좋다!
> 우리 팀이 이겼다!

가족 대항 팔씨름 놀이를 해 보자.

내가 만드는 속담

속담은 옛날 사람들의 지혜가 담긴 짧은 문장이에요. 무엇보다 바뀌지 않는 점이 매력이지요. 그런데 오늘은 속담을 요즘 우리가 쓰는 말로 바꾸어 표현해 볼까요?

'소 잃고 외양간 고친다'는 '도둑맞고 비밀번호를 바꾼다'로 바꿀래.

'낫 놓고 기역자도 모른다'는…

우리 집 가훈을 알고 있니? 어떤 뜻이 담겨 있을까?

`기념일 놀이` `상황이해력, 표현력`

새해 복 많이 받으세요

우리 민족 최대 명절인 '설날'이에요. 설날에는 어른들께 새해 인사 드리는 것을 빼놓을 수 없지요. 세배하면서 어떤 인사말을 하면 좋을까요?

 올해는 더 건강하세요.

새해를 맞아 행복하시기를 기원합니다.

 새해에는 더 평안하세요.

 어떤 덕담(세배 후 어른들이 해주시는 좋은 말씀)을 들었지? 기억하고, 마음에 새기자.

머리를 맞대다

혼자보다는 여러 사람이 생각을 모았을 때 현명한 해결책이 나올 수 있어요. 그래서 머리를 맞대다는 어떤 일을 결정하기 위해 서로 마주한다는 뜻이에요.

이번 연극발표회에서 어떻게 하면 우리가 우승할지 머리를 맞대고 의논해 보자.

'머리'가 들어간 관용어야. 무슨 뜻인지 알아보자.
머리를 식히다, 머리가 크다

손 큰 할머니의
만두 만들기

채인선 글, 이억배 그림(재미마주)

같은 음식이라도 재료에 따라 맛이 달라지지요. 뭐든지 엄청 크게 하는 마음씨 좋은 손 큰 할머니와 숲속 동물들이 설날 먹을 만두를 함께 빚는 따뜻한 이야기예요.

손 큰 할머니의 만두에는 어떤 재료가 들어갔는지 써 보자.

달력 놀이

일 년은 열두 달이에요. 달력을 보면서 우리 가족의 생일을 알아보고, 명절이나 국경일을 빨리 찾는 놀이를 해 보세요.

 내 생일은 몇 월 며칠이지?

 이번 달은 30일까지 있네!

 크리스마스는 몇 월에 있지?

 마음에 드는 달력 그림을 잘라 퍼즐로 만들어 놀이하자.

낱말들아, 모여라!

낱말은 주제에 따라 묶을 수 있어요. 주제를 정한 후 낱말을 쓰는 게임을 해보세요. 시간을 정하면 더 재밌지요.

한 글자 낱말 — 땅, 똥, 공, 입, 코, …

빨래 관련 낱말 — 세탁기, 세제, 빨랫줄, …

내가 쓴 한 글자 낱말 2개를 골라서 웃음이 나오는 문장을 만들어 보자.

11 / 22

기념일 놀이 **음운이해력, 어휘력**

김치 없이는 못 살아

오늘은 우리나라의 대표적인 음식인 김치의 영양적 가치와 중요성을 알리기 위해 만들어진 '김치의 날'이에요. 어른들은 이때쯤 '김장'이라고 하여 겨울 내내 먹을 수 있게 김치를 많이 담지요. 김치의 '치' 자가 들어가는 낱말을 이야기해 보세요.

치즈, 치마, 치킨, 치약, 그리고…

김치에 대한 신나는 노래를 즐겁게 불러보자.

2/7

신체 문해력 | **협응력, 집중력**

열두 띠 튕기기

 플라스틱 병뚜껑, 열두 띠 동물 도안

열두 띠 동물 도안을 플라스틱 병뚜껑에 붙인 후 탁자 위에서 병뚜껑을 손가락으로 튕기며 놀아요.

> 내 띠 동물을 멀리 튕기자.
> 누가 더 멀리 튕기는지 시합해 볼까?

 바둑판에서 바둑알로 하는 '알까기'를 해 보자.

원인-결과를 찾아보자

어떤 일이 일어나게 된 이유가 '원인'이고, 그 원인 때문에 일어난 일이 '결과'예요. 원인을 알면 결과를 짐작할 수 있지요.

『빨간 부채 파란 부채』에서는 신기한 부채를 얻는 것이 원인이야. 그래서 결과는 어떻게 되었지?

인형 3개를 관중으로 앉혀 놓고, 내가 좋아하는 책을 실감 나게 읽어 보자.

세 글자 끝말잇기

세 글자로 된 낱말로만 끝말잇기를 해 보세요. 두 글자나 네 글자는 안 돼요!

말놀이 → 이발사 → 사오정 → 정답.
아차차, 두 글자는 안 되지!

세 글자 끝말잇기를 종이나 칠판에 적으면서 해 보자.
직접 쓰면 더 재미나지.

나는야 동물들 고민해결사

걱정거리가 많은 동물들이 모여서 서로 불평을 말하고 있어요. 동물들은 과연 어떤 고민이 있는 걸까요? 동물들의 고민을 생각해 보고 해결책을 이야기해 보세요.

초식동물인 코끼리가 자기도 호랑이처럼 고기를 좋아한대! 그렇다면…

얼굴과 외모, 성격, 특징 등을 생각해 볼 때 나는 어떤 동물과 가장 닮았지? 왜 그렇게 생각한 거야?

$\frac{2}{5}$

`미술 문해력`　　　　　　　　　　　　　　　`청각주의력, 표현력`

해골바가지 그림

`준비물` 종이, 연필

간단한 노랫말에 맞춰 그림을 그려 보세요.

아침 먹고 땡, 점심 먹고 땡, 저녁 먹고 땡,
창문을 열어보니 비가 오네요.
지렁이 3마리가 기어가네요.
아이고, 무서워. 해골바가지

이번엔 '뿔 2개 달린 도깨비'를 그려 보자.

거짓말 놀이

손가락이 표시하는 숫자와 다른 숫자를 말하는 놀이에요. 상대방이 2를 말하면 나는 2외에 다른 손가락 숫자를 펴야 해요. 묵지빠 게임과도 비슷하지요.

숫자는 1부터 5까지만
손가락으로 펴고
두 사람이 하는 거야.

게임 방법
손가락은 3을 펴고, 말로는 "5!"(3을 제외)라고 말한다.
→ 상대는 앞 사람의 손가락 숫자를 보고 "3"이라고 말하고, 손으로는 2(3을 제외)개를 편다. → 다시 상대방이 앞 사람의 손가락 숫자 "2"를 말하고, 손으로는 1(2를 제외)개를 편다. → …

2 / 4

책놀이 문해력　　판단력, 자기표현력

이 책에 별점을 준다면

읽은 책을 기록으로 남기는 것은 즐거운 일이에요.
책 제목과 내용을 쓰고, 별점으로 감동을 남겨 보세요.
내 마음에 쏙 들었다면 3점으로요.

독서기록장에 읽은 책을 적어 보자.
내 마음에 쏙 들었으니 별 스티커를
3개 붙여야겠다.

책에서 가장 마음에 드는 장면을 그림으로 그려 보자.

종이컵 성을 쌓자

준비물 종이컵(최대한 많이)

종이컵 여러 개를 이용하여 성을 쌓아 만들어 보세요.

구름을 뚫고 올라가는 『잭과 콩나무』의 나무처럼 천장까지 쌓아 올려 봐.

친구의 이름을 종이컵으로 만들어 보자.

2/3

요리 문해력　　　　　　　　　　소근육 발달, 예술적 감각

식빵 위에 재미난 얼굴

준비물 식빵, 딸기잼, 과자·초콜릿·젤리 등

식빵에 과자와 초콜릿 등을 딸기잼으로 붙이며 재미난 얼굴을 만들어 보세요. 재료를 이용하여 이름 글자도 만들어 보세요.

> 길쭉한 막대 과자, 동그란 과자로 내 이름을 만들자.

과자와 초콜릿 봉지에 있는 글자를 오려서 여러 가지 낱말을 만들어 보자.

동화 속 우리 집

그림책을 보면 멋진 성이나 예쁜 집이 많이 나오지요. 동화 속에 나오는 집 중에서 어떤 집에 살고 싶은지 설명해 보세요.

『헨젤과 그레텔』의 과자집이 좋겠어! 매일 과자를 먹을 수 있잖아.

나는 『아기 돼지 삼 형제』에 나오는 셋째 돼지의 벽돌집이 좋겠어.

내가 건축가라면 주인공의 집을 어떻게 만들까? 평면도로 그려 보자.

생각 말하기 놀이   논리적 사고력, 이야기 구성력

호떡 VS 군고구마

추운 겨울에 먹기는 호떡이 좋은지 군고구마가 더 좋은지 나의 생각을 한 가지로 정하고, 그 이유를 말해 보세요. 의견 말하기는 엄마나 친구와 함께 해요.

겨울에는 호떡이지!
꿀이 뚝뚝 떨어지는게
얼마나 달콤한데!

호떡이 들어간 재미있는 표현이 있어.
'호떡집에 불났다', '호떡 뒤집듯 하다'는 무슨 뜻일까?

나라 이름
초성퀴즈

지구상에는 여러 나라가 모여서 살고 있어요. 나라 이름이 다른 만큼 생활하는 모습도 다르지요. 초성을 보고 어떤 나라 이름인지 맞혀 보세요.

1. ㅋㄴㄷ
2. ㄹㅅㅇ
3. ㅍㄹㅅ
4. ㅂㄹㅈ

5. ㅅㅇㅅ
6. ㅇㅈㅌ

말놀이 문해력 / **음운이해력, 언어순발력**

한 글자도 빠뜨리면 안 돼

한글은 자음(ㄱ, ㄴ, ㄷ, …) 14자와 모음(ㅏ, ㅑ, ㅓ, …) 10자로 되어 있어요. 자음과 모음을 말할 때는 빠뜨리지 않고 말해야 하지요. 재밌게 연습해 볼까요?

> 가나다라마바사아자차카타파하

> 겨녀뎌려며벼셔… 혀가 꼬인다, 꼬여!

강낭당랑망방상…처럼 받침을 넣어서 해 보자.

동무 동무 어깨동무

친구들끼리 어깨동무를 하고 걸어갈 때 부르는 전래동요예요. 밑줄 친 부분의 가사를 정겨운 내용으로 바꿔 보세요.

동무 동무 어깨동무 <u>어디든지 같이 가고</u>,
동무 동무 어깨동무 <u>언제든지 같이 놀고</u>,
동무 동무 어깨동무 <u>해도 달도 따라 오고</u>,
동무 동무 어깨동무 <u>너도 나도 따라 놀고</u>,

'어깨동무'를 내가 만든 가사로 즐겁게 불러 보자.

문해력 놀이

2월

투발루에게 수영을 가르칠 걸 그랬어

유다정 글, 박재현 그림 (미래아이)

남태평양에 있는 작은 섬나라에 로자와 고양이 투발루가 살고 있었는데 지구가 점점 따뜻해짐에 따라 섬이 바다에 잠기게 되자 고양이를 두고 섬을 떠나는 가슴 아픈 이야기예요.

로자와 투발루가 다시 만날 수 있도록 우리가 할 수 있는 방법은 무엇인지 알아보고, 꼭 실천하자.

그림책 놀이 | 표현력, 언어이미지화

곰 사냥을 떠나자

마이클 로젠 글, 헬렌 옥슨버리 그림
(시공주니어)

반려견과 함께 온 가족이 씩씩하게 곰 사냥을 떠났지만 막상 진짜 곰을 보니 무서워 허겁지겁 집으로 돌아와 이불 속으로 들어갔다는 사랑스러운 이야기예요.

작은 글씨는 작게, 큰 글씨는 크게 읽어 보자.

문해력 놀이

12월

글놀이 문해력 · 언어구사력, 표현력

낱말 결혼식

책꽂이에 꽂혀 있는 책 제목에서 전혀 상관 없는 낱말 두 개를 골라서 엉뚱하고 재미있는 문장을 만들어 보세요. 엄마나 친구와 번갈아가며 게임처럼 놀이해도 재미있어요.

 마녀와 아이스크림!

 마녀 위니는 딸기 아이스크림을 좋아해서 빗자루를 타고 딸기밭으로 날아갔다.

 '눈사람', '운동화'로 아주 슬픈 문장을 만들어 보자.
눈물이 뚝뚝 떨어지게 말야!

나의 추천 도서

'추천 도서'는 여러 사람이 읽으면 좋겠다고 생각하는 책이에요. 그동안 읽었던 책 중에서 우리반 친구들을 위한 추천도서를 그 이유와 함께 써 보세요.

『고슴도치 엑스』 모두 똑같이 행동하는 고슴도치들 속에서 용기를 잃지 않고 자신이 생각하는 대로 행동했기 때문이다.

'아이엠그라운드, 동화 주인공 이름 대기!'를 해 보자.

눈이 번쩍 뜨이다

놀라면 눈이 커지지요? 이 말은 갑작스러운 일에 놀라서 정신이 번쩍 든다는 뜻이에요.

> 오늘이 내 생일이라고 생각하니, 갑자기 눈이 번쩍 뜨였다.

'눈'이 들어간 관용어야. 무슨 뜻인지 알아보자.
눈 하나 깜짝 안하다, 눈앞이 깜깜하다

공든 탑이 무너지랴

정성을 다해 쌓은 탑은 잘 무너지지 않지요. 그래서 공을 들여 한 일은 반드시 좋은 결과가 있다는 뜻이에요.

매일 꾸준히 연습하더니 드디어 수학 시험을 100점 맞았어! 역시 공든 탑은 무너지지 않는다니까!

공든 탑이 신나게 넘어지는 '도미노 게임'을 해 보자. 도미노가 없으면 블록으로 해도 되지.

온몸으로 말해요

동물들에게는 겉으로 드러나는 특징이 있어요. 동물 이름 5개를 쓰고 그 모습을 몸짓으로 표현해 보세요. 과연 몇 개를 맞힐까요?

오리는 엉덩이를 실룩거리고 걷지? '꽥꽥' 할까? 아참, 말하면 안 돼!

동물 울음 소리를 내고 맞히는 놀이를 해 보자.

| 글놀이 문해력 | 감수성, 표현력 |

코끝이 쨍하게 추운 날

흰 눈이 펑펑 오고, 너무너무 추운 겨울 날씨를 재미있게 표현해 보세요.

함박눈이 펑펑, 온 세상이 하얀 날
호호 불여 군고구마 먹고 싶은 날
머리끝부터 발끝까지 꽁꽁 얼어붙은 날

내가 쓴 날씨 표현 중에서 가장 비슷한 오늘 날씨를 써 보자.

책 제목 디자이너

최근에 가장 재미있게 읽은 책은 무엇인가요? 큰 종이에 책 제목을 크게 쓰고, 쓴 글씨를 책 내용에 맞도록 꾸며 보세요.

『선인장 호텔』이 제일 재미있었어.
제목을 선인장처럼 뾰족뾰족 쓰고,
글씨에 구멍도 숭숭 만들어야지.

앞에 내가 좋아하는 인형들을 앉혀놓고, 책 제목을 신나게 쓴 이 책을 작가처럼 읽어보자.

음식 이름 맞춤법 퀴즈

집에서 먹는 음식에도 각각의 이름이 있어요.
음식 이름을 맞게 쓴 것을 골라 보세요.

1. 깍두기 | 깍뚜기
2. 볶음밥 | 복금밥
3. 떡복이 | 떡북이
4. 부친개 | 부침개

다섯 고개를 넘어가 볼까

'다섯 고개 놀이'는 대답하는 사람이 속으로 답을 정하고, 질문하는 사람이 하는 5번의 질문에 대답하는 놀이에요. 질문하는 사람이 정답을 맞히면 승리!

 한 고개. 동물입니까?

예. 동물입니다.

 두 고개. 땅에 사나요?

아니요. 하늘에 삽니다.

 '용'을 떠올리며 다섯 고개 놀이를 해 보자.

디비디비딥

"디비디비딥"이라고 외치면서 세 가지 중 한 가지 동작을 취하는데 두 사람이 같은 동작을 하면 공격과 수비를 바꾸는 놀이예요.

 세 가지 동작을 만들자.

 팔을 양옆으로 벌리기,
팔을 앞으로 하기,
팔을 위로 펴기

 디비디비딥!

 '즐겁게 춤을 추다가 그대로 멈춰라!' 노래를 부르며 재미난 동작을 해 보자.

달콤한 과일 이름 초성퀴즈

| 퀴즈 문해력 | | 집중력, 어휘력 |

초성퀴즈는 '자음퀴즈'라고도 하는데 초성만 보고 어떤 낱말인지 알아맞히는 한번 해볼까요? 초성을 보고 어떤 과일 이름인지 맞혀 보세요.

1 ㅂ ㄴ ㄴ **2** ㅅ ㄱ

3 ㅍ ㄷ **4** ㄸ ㄱ

5 ㅅ ㅂ **6** ㅊ ㅇ

책놀이 문해력　　　　　　　　　　　　기억력, 창의력

동화책이 뒤죽박죽

동화책 두 권을 골라 이야기를 섞어서 나만의 이야기로 만들어 보세요.

『효녀 심청』과 『청개구리』가
섞여 버렸네.
심청이는 효녀니까
말 안 듣는 청개구리를 타이르는
이야기로 연결해 볼까?

'동화책은 재밌어'로 꽁지따기 말놀이를 해 보자.

한 박자 쉬고, 첫말 잇기

첫 글자가 같은 낱말로 잇는 '첫말 잇기'를 해 보세요. 낱말 하나를 말할 때마다 손가락을 접으면서 하는데 3번을 접으면 "한 박자 쉬고!", 또 3번을 접으면 "두 박자 쉬고!"라고 외치는 거예요.

호랑이 – 호수 – 호떡. 한 박자 쉬고!

호텔 – 호주 – 호미. 두 박자 쉬고!

이번에는 '코딱지'로 끝말잇기 해보자.

12 / 7

기념일 놀이   **문장구성력, 구문이해력**

눈이 펑펑 내리는 날

일 년 중 눈이 가장 많이 내린다는 '대설'이에요. 오늘 눈이 많이 오면 내년에 풍년이 들고, 따뜻한 겨울을 보낼 수 있대요. 눈이 많이 오기를 바라며, '눈이 와요.'라는 문장에 꾸미는 말을 넣어서 문장 늘리기를 해 보세요.

눈이 와요.
→ 펑펑 눈이 와요.
→ 눈이 흩뿌리듯 와요.

마주 보고 눈을 깜빡이지 않는 사람이 이기는 '눈싸움'을 해 보자.

미술 문해력 창의력, 상상력

손가락 무늬

 스탬프, 흰 종이, 네임펜

손도장을 찍고 얼굴 표정을 그려 보세요.

재미난 얼굴 표정을
그려 보자!
내 얼굴 어때?

지문 위에 좋아하는 동물을 그려 보자.

 신체 문해력
 신체발달, 집중력

얼기설기
거미줄 미션

준비물 긴 고무줄이나 리본

식탁이나 탁자 다리에 고무줄을 거미줄처럼 묶어 놓고 다양한 방법으로 통과해요.

거미줄을 위로 지나가 보자.
이번에는 거미줄에 닿지 않고,
아래로 기어서 지나가 볼까?

책을 쌓아 만든 책 터널을 통과해 보자.

딸기를 거꾸로 하면

오늘은 말 안 듣는 개구리처럼 거꾸로 말하기를 해볼까요? 2글자로 된 낱말을 거꾸로 말하고 대답해 보세요.

딸기?

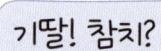
기딸! 참치?

치참! 짜장?

우리 가족의 이름을 모두 거꾸로 말해보자.
내 이름을 거꾸로 하면?

그림자가 나에게 말을 거네

사람이나 동물을 그려서 오린 후 아래쪽에 나무 막대를 테이프로 붙여요. 이제 손전등을 비춰 벽에 그림자를 만들어 보세요.

> 동화 주인공을 막대 인형으로 만들었어!
> 불빛을 비추니 그림자가 나에게 말을 거네.
> "안녕, 코리야! 잘 있었니?"

이번에는 손을 이용해서 직접 동물 그림자를 만들어보자. 달팽이, 강아지는 쉽게 만들 수 있지!

신기한 마술 글씨

준비물 흰 종이, 식초, 붓, 초, 드라이기

식초를 묻힌 붓으로 글씨를 쓰면 보이지 않아요. 하지만 글씨 쓴 종이를 말린 후 촛불 가까이 가져가면 글씨가 갈색으로 변해서 잘 보여요. 친한 친구에게 비밀 편지를 써 보세요.

원리 종이에 묻은 식초(산)는 수분을 탈수시키는 성질이 있어서 식초를 묻힌 종이에 열을 가하면 수분이 적은 식초로 쓴 글씨 쪽이 더 빨리 타게 되어 있어서 갈색으로 변하며 글씨가 보이게 되지요.

내가 만약 노벨상을 만든다면

노벨상 시상식은 매년 12월 10일, 다이너마이트를 발명한 알프레드 노벨(스웨덴, 1833~1896)이 사망한 날, 그의 고향인 스웨덴의 스톡홀름(평화상은 노르웨이 오슬로)에서 열려요. 노벨상에는 평화상, 문학상, 물리학상, 화학상, 생리의학상, 경제학상이 있는데 세계에서 가장 명예로운 상이지요.

내가 만약 노벨상을 만든다면 어떤 상을 만들고 싶은지 말해 보자.

기념일 놀이   **이해력, 어휘력**

추울수록 좋은 것은?

우리나라에는 예로부터 '절기'라는 것이 있는데, 태양(해)의 위치에 따라 계절이 바뀌는 것을 알려 주지요. 오늘은 절기 '대한'으로 일 년 중 가장 추운 날이에요. 추울수록 좋아하는 것을 빠르게 이야기해 보세요.

 온풍기 가게 사장님, 스키 장사

 북극곰, 황제펭귄, 북극여우….

 '더울수록 좋아하는 것'을 10가지만 써 보자.

`책놀이 문해력`   `읽기유창성, 순발력`

틀리지 않고 읽는 게임

책을 소리 내어 번갈아 읽어 봅시다. 앞 사람이 틀리게 읽으면 다음 사람이 이어서 읽는 거예요.
예쁜 목소리로 정확하게 읽어 보세요.

먼저 읽는 사람이 틀리면
"멈춰!"라고 말한 후,
다음 사람이 이어서 읽자.
맨 마지막 문장을 읽는 사람이
승리하는 거야!

『왜 맞춤법에 맞게 써야 돼?』(길벗어린이)는 맞춤법의 필요성을 알려주는 책이야. 꼭 읽어 보자.

숟가락은 되고
젓가락은 안 되는 것

숟가락으로는 되고, 젓가락으로는 안 되는 게 뭐가 있을까요? 잘 생각하고, 자유롭게 말해 보세요.

숟가락이라야만 국물을 떠먹을 수 있지.

숟가락으로는 병뚜껑도 딸 수 있어.

풀로는 되고, 테이프로는 안 되는 게 뭐가 있을까?

미래의 발명품

지금도 우리에게 유익하고 편리한 발명품은 많지만 미래에는 더 새로운 발명품들이 나오겠지요? 지금 당장 만들 수는 없겠지만 미래에 어떤 발명품이 나올지 곰곰이 생각하고 말해 보세요.

모르는 길을 갈 때 길을 안내하는 안경이 나왔으면 좋겠어!

내가 생각한 발명품들을 그림으로 그려서 친절한 사용설명서를 만들자.

내 이름이 시가 된대요

내 이름으로 삼행시 짓기를 해볼까요? 세 글자 낱말의 첫 음절로 시작하는 세 줄의 글을 연결해 하나의 시처럼 만드는 거예요. 세 글자의 뜻이 잘 연결되면 멋진 시가 되지요.

하: 하늘에 무지개가 반짝!
은: 은빛 보다 더 반짝여요!
애: 애정을 담아 나에게 보내는 선물 같아요.

내 이름 삼행시를 예쁜 종이에 써서 벽에 붙여 놓자.

말놀이 문해력 · 어휘력, 유창성

아가 얼굴의 볼우물

순우리말을 사용하면 우리가 하는 말이 훨씬 풍요로와요. 순우리말을 넣어서 이야기해 보세요.

아띠는 친구, 아리수는 한강, 볼우물은 보조개.

아토는 선물, 꼬리별은 혜성, 미르는 용이지.

순우리말을 이용하여 문장을 만들어 보자.

편안하게
내 몸에 집중

 얇은 이불 한 장

평평한 바닥에서 스트레칭을 한 후
동물 요가 동작을 해 보세요.
너무 딱딱하거나 푹신하지 않은
곳이 좋아요.

강아지 자세를 해 보자!
허리를 숙여서 손바닥으로 바닥을 짚고
엉덩이를 위로 올리는 거야.

키가 쑥쑥 커지는 동작을 해 보자.

따끈따끈 수제비

준비물 밀가루 반죽, 채소, 육수 등

육수를 낸 국물이 끓으면 반죽한 밀가루를 손으로 납작하게 누르면서 뚝뚝 떼어 넣어요. 그런데 계량 도구를 사용할 때는 어떻게 말할까요?

물은 두 **컵**, 간장은 한 **큰술**, 그리고 소금은 한 **꼬집**만 넣자!

남은 밀가루 반죽으로 올라프를 만들어 보자.

사랑해 고마워

시간을 정해놓고 세 글자(음절)로만 말하는 거예요.
세 글자로만 말해야 서로 대답도 하고 행동도 해보는
놀이에요. 지금부터 시작해 볼까요?

이번에는 네 글자로만 말해 보자.

비밀 악수 만들기

우리만의 비밀 악수를 만들어 보세요. 먼저 몇 가지 손동작에 이름을 붙여요. 손바닥 박수는 '짝', 주먹끼리 부딪치기는 '쿵', 주먹끼리 탑 쌓기는 '탑', 하이파이브는 '짠'으로 말이지요.

짝쿵탑, 짝짝쿵탑, 짝쿵쿵탑, 짝쿵탑탑!

박수를 많이 치면 건강해진대.
신나게 박수치며 〈겨울바람〉 노래를 부르자.

힘이 나는 주문

그림책을 읽다 보면 힘든 처지에 있는 주인공을 응원하게 될 때가 있어요. 주인공의 마음을 헤아려 보고, 힘이 나는 응원의 한 마디를 전해 주세요.

> 동굴에 갇힌 알라딘에게
> 힘이 불끈 솟는 말을 외쳐 주자!
> 비비디 바비디 부!

응원의 말을 메모지에 써서 그림책에 붙여 주자.

12/16

`관용어 문해력`　　`상황이해력, 어휘력`

목이 빠지게 기다리다

누군가를 기다릴 때 두리번거리거나 고개를 빼 들곤 하지요. '목이 빠지게 기다리다'는 무언가를 간절하게 기다린다는 뜻이에요.

크리스마스 전날, 코리가 산타할아버지를 목이 빠지게 기다리지 뭐야!

'목'이 들어간 관용어야. 무슨 뜻인지 알아보자.
목이 타다, 목에 힘을 주다

원숭이 엉덩이는 빨개!

'꽁지'는 기다란 물체나 몸통의 끝부분을 말해요.
'꽁지 따기 말놀이'는 문장의 맨 마지막 부분만 이어서 연결하는 말놀이지요.

 원숭이 엉덩이는 빨개.

 빨가면 사과.

 사과는 맛있어.

 이번에는 '백두산은 높아'에서 시작하자!
높으면 비행기, 비행기는?

리사이클링 팝업북

낡은 그림책의 표지와 속지를 오려 원하는 모양을 잘라 입체로 만들어 보세요. 원래 책 내용과는 상관없이 새로운 이야기가 탄생하는 거예요.

표지를 열면 어떤 것들이
튀어나오게 할까?
표지도 내용도 마음껏 만들어 보자.

『요셉의 작고 낡은 오버코트가?』(베틀북)를 읽어 보자.
요셉의 낡은 오버코트가 결국에는 무엇이 될까?

책놀이 문해력　　　　　　　　　　　　　관찰력, 표현력

나는야 따라쟁이

풍부한 표정이 그려진 그림책을 보고, 그림책에 나오는 사람이나 동물의 표정을 따라해 보세요. 도대체 왜 그런 표정을 지었을까요? 이야기해 보세요.

 얘는 화가 났나봐. 화가 난 표정은 잘 할 수 있어. 그런데 왜 화 났지?

얘는 깜짝 놀란 얼굴이야. 그런데 뭐가 무서운 걸까?

 그림책에서 가장 재밌는 표정이나 좋아하는 장면을 똑같이 그려 보자.

택배 상자의 비밀

집에 오는 택배 상자에는 무엇이 쓰여 있길래 우리 집으로 정확하게 도착하는 걸까요? 자세히 살펴보고 택배 상자의 빈곳에 똑같이 써 보세요.

'받는 사람', '보내는 사람'이 있네.
우리 집에 온 거니까 우리 집 주소가 적혀 있어. 그리고 엄마 핸드폰 번호도 있어.

큰 택배 상자로 내가 탈 수 있는 자동차를 만들어 보자.
뛰뛰빵빵, 어디로 떠나 볼까?

말놀이 문해력 | 듣기집중력, 순발력

가라사대 놀이

'가라사대'는 '말씀하시기를'이란 뜻이요. 진행하는 사람이 '가라사대'를 붙여 말하면 그대로 따르고, '가라사대'를 붙이지 않고 말하면 따르면 안돼요.

가라사대, 오른손을 들었다가 내려요. 그리고 다시 들어요!

코리야, 왜 올려? 가라사대가 없었잖아!

'가라사대'로 끝말잇기를 해 보자. 가라사대→대나무…

12/19

`미술 문해력`　　　　　　　　　`협응력, 상상력`

펄펄 눈이 옵니다

 흰 종이(또는 눈결정 도안), 가위

정사각형의 흰 종이를 접어 오리거나, 눈 결정 도안을 오려서 유리창에 붙여요.

접어서 오릴 때마다 다른 눈 모양이 나오네? 정말 신기해!

크리스마스 리스를 만들어 현관문에 걸어 두자.
들어오는 모든 사람들에게 행운을 준대.

속담 문해력 **수용어휘력, 논리적 사고력**

세 살 적 버릇이 여든까지 간다

'여든'은 80살을 말해요. 즉 어릴 때 몸에 밴 습관은 늙어서까지 한다는 거예요. 버릇은 쉽게 고쳐지지 않으니 나쁜 습관이 생기지 않도록 조심해야 한다는 뜻이에요.

세 살 적 버릇이 여든까지 간다더니, 손톱 물어뜯는 버릇은 여전하구나.

몸에 밴 나쁜 버릇이 있니? 딱 한 가지만 써서 냉장고에 붙여 놓고, 오늘부터 고치는 거야. 약속!

져야 이기는 가위바위보

원래 가위바위보와 반대로 져야만 이기는 가위바위보 놀이를 해 보세요. 한 사람이 먼저 가위바위보를 내면, 상대방은 질 것을 내야 해요.

가위바위보, 가위!

주먹! 아니지, 보를 내야해. 헷갈린다, 헷갈려!

이겨야 지는 묵찌빠를 해 보자.

간지럽지만 참아 볼게

손바닥에 손가락으로 쓴 글씨가 무엇인지 맞히는 놀이예요. 눈을 감고 손바닥의 감각에 집중해 주세요. 무엇을 썼나요?

> 엄마가 내 손바닥에 쓰니까 너무 간지러워! 하하하 과연 엄마는 뭐라고 쓴 걸까?

이번엔 아빠 등에 글씨를 써 보자. 뭐라고 쓸까? 아빠가 맞힐 수 있을까?

기념일 놀이 | 과제수행력, 어휘력

붉은 동지팥죽 먹는 날

오늘은 밤이 가장 길고 낮이 가장 짧은 날, 동지예요. 동지는 '작은설'이라 부르며 새알심을 넣은 팥죽을 먹는 풍습이 있어요. 팥죽은 나쁜 마귀를 쫓아 준다고 믿었기 때문이래요. 그리고 달력을 선물하는 풍습이 있어요. '절기'를 주제로 스무 고개 놀이를 해 볼까요?

'동지'로 첫 글자 잇기를 해 보자.

조물조물 점토 놀이

 점토(지점토) 또는 클레이

점토로 내 띠 동물을 멋지게 만들어 보세요.

점토를 만지면 감촉이
보들보들하고 말랑말랑해!

완성된 점토는 사진을 찍어서 할머니께 보내드리자. 슝!

`신체 문해력`　　　`협응력, 사회성`

헷갈리는 실뜨기

 실

끝이 이어진 실을 이용해 모양을 만들거나 엉키지 않도록 푸는 놀이예요. 혼자해도, 둘이 해도 재미있어요.

> 천천히 모양을 만들자.
> 정말 신기해!
> 그런데 실이 꼬여버렸네.
> 어떻게 풀지?

 딱지치기, 팽이치기, 공기놀이도 참 재밌지.
오늘은 어떤 걸 해 볼래?

꼬인다 꼬여

발음하기 어려운 낱말을 골라 틀리지 않고 정확하게 말해 보세요. 익숙해지면 연속해서 3번 이상 빠르게 말해 보세요.

> 왕밤빵-왕밤빵-왕밤빵!
> 혀가 꼬인다, 꼬여!

 '찹쌀콩찰떡'으로 다시 한 번 해 볼까? 도전!

책놀이 문해력   연상력, 어휘력

동화 속 속담

동화를 읽다 보면 내용과 어울리는 속담이 있어요. 주인공의 마음이나 사건을 표현할 때 속담을 써서 말해 보세요. 사자성어나 관용어도 섞어서 표현해 보세요.

작은 고추가 맵다더니, 『주먹이』의 주인공은 정말 대단해!

『토끼와 거북이』에서 낮잠에서 깬 토끼는 '발등에 불 떨어졌네'라고 생각했을 거야.

오늘 있었던 일을 속담으로 표현해 보자.

요리 문해력　　　　　　　　　소근육 발달, 어휘력

동글동글 주먹밥

준비물 밥, 참치캔, 소금, 김가루, 참기름, 통깨

준비된 재료와 야채 등을 넣고 밥과 함께 비벼 한입에 들어갈 크기로 만들어요. 요리하며 의태어(움직임이나 상태를 흉내낸 말)로 표현해 보세요.

> 밥에 여러 가지 재료를 넣고 비벼보자. 조물조물, 주물주물~

식사할 때 지켜야 할 예절을 3가지만 말해 보자.

키득키득 수수께끼

엉뚱한 수수께끼를 풀려면 다양한 각도로 생각해봐야 답이 떠오르지요. 수수께끼를 보고 요리조리 궁리해보고 답을 맞혀 보세요.

1. 밥을 먹고 꼭 만나는 거지는?

2. 별은 별인데 냄새나는 별은?

3. 힘을 낼 때 부르는 차는?

4. 물은 물인데 사람들이 무서워하는 물은?

책놀이 문해력   **관찰력, 이야기 표현력**

표지가 말을 거네

처음 펼치는 책의 앞표지를 보고 어떤 이야기일까 살펴보세요. 무서운 이야기일까요? 누가 나올까요? 대체 무슨 일이 벌어진 걸까요? 상상력을 펼쳐 얘기해 보세요.

표지에 팥죽을 든 당황한
호랑이가 그려져 있어.
아마도 할머니가 끓인 팥죽이
너무 맛이 없어서 그럴거야!

**표지를 보고 상상한 이야기와 실제로 읽어 본 후
어떻게 달랐는지 이야기해 보자.**

마음씨 좋은 산타할아버지라면

기념일 놀이   **상상력, 이야기구성력**

오늘은 아기 예수님이 태어나심을 기뻐하는 날이에요. 일 년 동안 착한 일을 많이 한 어린이에게는 산타할아버지가 선물도 주시니 그 기쁨은 배가 되지요. 올해도 선물을 받을 수 있을까요? 내가 산타할아버지께 선물을 받아야 하는 이유를 3가지만 써 보세요.

올해는 거의 울지 않았고요, 그리고…

내가 만약 산타할아버지라면 엄마와 아빠에게는 어떤 선물을 할까?

퀴즈 문해력　　　　　　　　　　　　　　이해력, 순발력

열두띠 O✕퀴즈

띠는 오래전부터 해를 헤아리는 규칙이었어요.
상징하는 동물의 이름을 붙여 나타냈지요.
띠에 관한 설명이 맞으면 O, 틀리면 ×를 고르세요.

1. 2024년은 용띠이다.　　　　　　　O ✕

2. 나이가 같으면 띠도 같다.　　　　　O ✕

3. 띠는 모두 10가지 동물이다.　　　　O ✕

4. 용맹한 사자띠도 있다.　　　　　　O ✕

글놀이 문해력　　　　　　　　　논리적 사고력, 연상력

겨울 마인드맵 만들기

지도를 그리듯이 내 생각을 그물로 넓혀가는 '마인드맵'을 통해 생각을 확장하거나 정리할 수 있어요. 꽁꽁 추운 '겨울'을 표현한 마인드맵을 만들어 보세요.

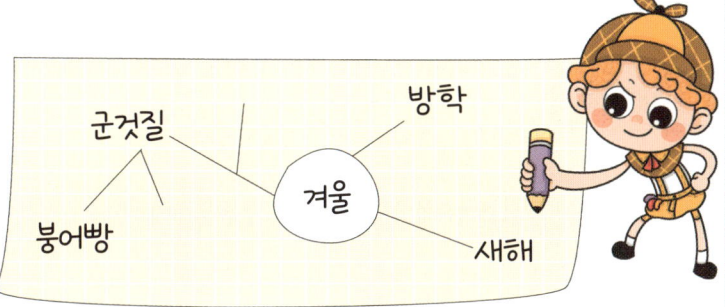

『혹부리 영감』 이야기로 마인드맵을 만들자.

`말놀이 문해력` `자존감, 기억력`

칭찬 릴레이

가족은 서로의 가장 큰 응원군이에요. 가족의 칭찬할 점을 한 가지씩 추가하며 말을 이어가 보세요.

코리부터 칭찬하자. 코리는 밤에 푹 잘 자!

그리고 코리는 책도 많이 읽지!

그래서인지 코리는 말솜씨도 빼어나!

아주 작은 것이라도 괜찮아.
나의 장점을 10가지만 써 보자.

방학은 더 길게 VS 더 짧게

겨울방학이 되었어요. 방학은 길수록 좋을까요, 짧은 게 좋을까요? 의견을 분명히 하고 이야기해 보세요. 주장이나 근거가 확실하지 않으면 상대방에게 설득당하고 말테니까요.

방학은 더 길면 좋지. 여행을 맘껏 다닐 수 있잖아!

방학에는 무엇을 하며 즐겁게 보낼지 '방학계획표'를 만들어 보자.

이불 끌고 우리 집 한 바퀴

신체 문해력 | **사회성, 공간지각능력**

준비물: 얇은 이불 한 장

이불 위에 인형을 태우고 운전하듯 방안을 신나게 돌아다녀 보세요.

> 안전하게 모시겠습니다.
> 어디까지 가십니까?
> 손님이 떨어지지 않게 천천히,
> 이번에는 빠르게!

어른들과 '이불 해먹 놀이'를 해 보자.

12 / 28

과학 문해력 과학적 호기심, 추론능력

떨어지지 않는 풍선 마술

 풍선

바람 넣은 풍선을 머리카락에 여러 번 문지른 후 벽에 붙이면 풍선이 떨어지지 않아요. 정전기가 발생한 풍선에 작은 물건을 붙여 보세요. 잘 붙는 것이 무엇이며, 왜 풍선에 잘 붙을까요?

 물체가 서로 부딪치며 마찰이 일어나면, 가벼운 물체를 잡아끄는 전기가 생겨요. 정지되어 있는 전기라서 '정전기'라고 하지요. 건조한 공기에서 정전기가 더 잘 생겨요.

생각 말하기 놀이 상상력, 이야기 구성력

어느 날 내가 푸바오가 되었다면?

자고 일어났는데 푸바오(판다)가 되었다고?
내가 푸바오라 생각하고 어떤 일이 벌어질지 즐겁게
이야기해 보세요.

나의 귀여움을 찍으려고
오늘도 사람들이 몰려오겠지?
인기 많은 것도 좀 피곤해.

만약 동물로 태어난다면 무엇이 될까?
그림으로 표현하고, 이름도 지어 보자.

그림책 놀이 | 기억력, 이야기구성력

작은 집 이야기

버지니아 리 버튼 글 그림, 홍연미 옮김
(시공주니어)

언덕 위의 아담하고 튼튼하게 지어진 작은 집이 세월이 흘러 화려한 도시 속, 아무도 살지 않는 초라한 집이 되었지만 다시 시골 마을로 옮겨져 평화로움을 되찾는 이야기예요.

그림책의 중요 부분을 복사한 후 순서대로 그림을 맞추며 이야기해 보자.

기념일 놀이   **의사소통능력, 과제수행력**

인터뷰 놀이

야호, 새해 첫날이 밝았어요! 올해는 어떤 목표를 이루고 싶나요? 기자가 되었다고 생각하고, 올해 목표는 무엇인지 우리 가족을 인터뷰해 보세요.

> 엄마는 올해 바리스타가 되고 싶다고 했는데, 그러면 무엇을 준비해야 하나요?

우리 가족의 목표를 종이에 써서 냉장고에 붙여 놓자.

복이 가득
복주머니

새해가 다가오면 복이 많이 들어오라는 뜻에서 복주머니를 만들었지요. 종이 복주머니를 만들고, 새해에 이루어졌으면 하는 일들이나 나와의 약속을 적어 보세요.

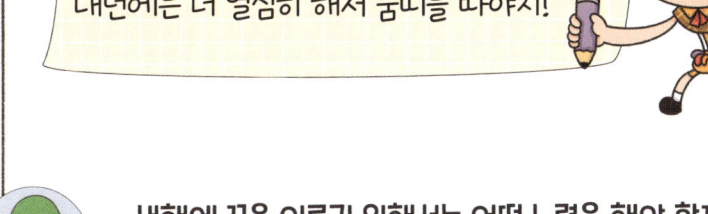

올해는 태권도에서 승급해서 너무 행복했어. 내년에는 더 열심히 해서 품띠를 따야지!

새해에 꿈을 이루기 위해서는 어떤 노력을 해야 할까? 3가지만 크게 말해 보자.

문해력 놀이

1월

12/31

미술 문해력　　　　　　　　　자존감, 기억력

내일이 기대되는 타임캡슐

 상자, 꾸미기 도구 등

'타임캡슐'이란 기억하고 싶은 것을 훗날 꺼내 보기 위해 보관하는 상자예요. 상자를 꾸미고 기억하고 싶은 물건을 넣으며 이유를 말해 보세요.

> 올해 기억하고 싶은 건,
> 캠핑 가서 주운 도토리가 있고,
> 또 친구랑 본 영화표…

 '미래의 나'에게 용기를 주는 편지를 써서 타임캡슐에 담자.

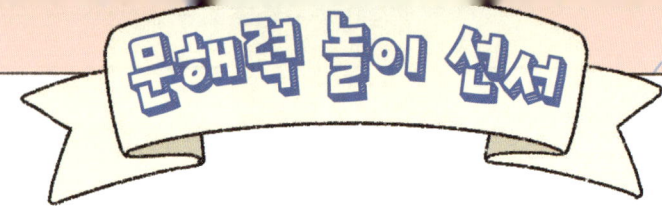

문해력 놀이 선서

하나. 나는 매일 놀겠습니다!
하루 5분, 문해력 놀이를 꾸준히 할 거예요.

둘. 나는 함께 놀겠습니다!
혼자서, 또 친구와 부모님과 함께 재밌게 놀 거예요.

셋. 나는 생각하며 놀겠습니다!
놀이에서 이겼을 땐 어떻게 이겼는지, 졌을 때는 왜 졌는지 생각하며 점점 발전해 나가겠습니다.

넷. 나는 신나게 놀겠습니다!
말놀이, 신체놀이, 기념일놀이, 영상퀴즈 등 매일 새로운 놀이를 할 거예요.

고딱지맛 젤리를 튕겨 사건을 해결하는 고딱지 탐정!

다섯. 나는 응용하며 놀겠습니다!
규칙이 있는 놀이라도 내가 생각해 낸 방법으로도 놀이할 거예요.

결정적 단서를 알려주는 고딱지탐정의 조수, 코리

지은이 **김지영**

가톨릭대학교 교육대학원에서 독서교육을 전공한 독서교육전문가로, 25년 넘게 유치원과 초등학교에서 아이들을 가르치고 있다. 아이들이 즐겁고 자유롭게 읽고 쓰는 것은 물론, 좋은 책을 접하며 평생 독자로 성장시키는 것을 지상 과제로 삼아, 어떤 부분에 집중하고 도움을 줘야 할지 연구하며 다양한 방법으로 실천하는 중이다. 현재 '신나는 세모놀이 연구회'의 대표로 건강한 성장을 도모하는 놀이를 연구하는 동시에 서울 신남초등학교에서 즐겁게 생활하고 있다.

그동안 다수의 어린이 교재와 실용서를 펴냈으며, 저서로는 문해력을 고민하는 엄마들을 위한 『하루 10분 말글책 놀이128』, 기초 문해력 향상을 위한 『문해력 쑥쑥, 또낭이의 책놀이터』, 초등학교 저학년의 국어 실력 향상을 위한 교재 『코딱지탐정의 초등국어 대탐험』, 『비주얼씽킹 창의언어놀이』(전4권), 책 만들기를 통해 문해력을 키우는 『옛날 옛적 이야기』, 『한국의 옛이야기』, 『세계의 위인이야기』, 『세계 이야기여행』과 어린이의 눈높이에 맞게 세상을 열어주는 『직업을 알면 더 재미있는 위인이야기』, 『이야기로 떠나자 세계 한바퀴』, 교사용 놀이도서로 『세상의 모든 신나는 놀이 369』 등이 있다.

우리 아이들에게는 세상을 학습할 능력이 있다. 일상에서의 문해력 놀이를 통해 아이들은 자연스럽게 자신을 긍정하고, 세상과 연결하는 방법을 배워갈 것이다. 25년이 넘는 저자의 경험 속에서 솎아낸 실용적인 방법을 실천하고 살아있는 조언을 적용하다보면 아이 안의 문해력은 성큼 자라나 있을 것이다.

인스타그램 @jiyoung_sam
블로그 blog.naver.com/mhyukkk
유튜브 책만드는지영샘

이 책을 우리 가족이 가장 잘 보이는 곳에 놓고, 매일 한 장씩 넘겨 가면서 놀면 되지요.

이 책에는 말·글·책 놀이, 기념일·절기 놀이, 속담·관용어 놀이, 신체·요리·과학·미술 놀이, 영상 퀴즈 등 매일 새로운 놀이가 365가지나 들어있어요. 보물상자를 열듯 매일 달력을 넘겨가며 놀이해 보세요.

그래서 이 책을 끝마칠 때면 자신있게 손 번쩍 들고 발표도 잘 하고, 누가 들어도 고개가 끄덕일 만큼 재밌는 이야기꾼이 될 거예요. 또 아리송하게 이해가 되지 않았던 책도 쏙쏙 이해될 거고요. 재밌게 놀이하면서 우리 친구들의 문해력이 튼튼하게 뿌리를 내렸기 때문이죠.

자, 그럼 코딱지탐정과 함께 문해력을 키우는 재밌는 놀이를 시작해 볼까요?

우리 친구들과 말놀이 대결할 그날을 고대하며
김지영 선생님이

문해력 놀이 일력 365

초판 인쇄   2023년 11월 20일
초판 발행   2023년 12월 15일

지은이_김지영
기획·편집_권민서   일러스트_조예희   디자인_원더랜드

발행인_이중우
펴낸곳_도서출판 다다북스
출판등록_제2020-000095호
주소_서울시 강서구 등촌로191, 3층

© 김지영, 2023

ISBN 979-11-91511-17-8 72590

▶ 잘못된 책은 구입한 서점에서 바꿔 드립니다.
▶ 이 책에 실린 모든 내용, 디자인, 이미지, 편집 구성의 저작권은
   도서출판 다다북스에 있습니다. 허락 없이 복제, 배포, 전송할 수 없습니다.

들어가며

노는 걸 좋아하는 어린이, 여기 붙어라!

우리 친구들, 오늘도 신나게 뛰어놀고, 좋아하는 책도 읽었나요?
"네."라고 대답했다면 선생님이 칭찬합니다. 엄지, 척!
그런데 "아니요."라고 대답한 친구들도 있군요.
"뭐하며 놀아야 재밌는지 모르겠어요."
"책은 재미없어요."라고요?
이런, 이런! 그렇다면 선생님과 함께 놀아 볼까요? 아, 맞다!
코딱지탐정과 코리와 함께 말이에요.

선생님은 문해력 놀이를 좋아하는 김지영 선생님이에요.
그런데 '문해력'이 뭐냐고요? 문해력이란 우리 친구들이 좋아하는 책을 막힘없이 읽고, 생각하는 것을 말이나 글로 자유롭게 표현하는 것을 말해요.
아주 중요한 능력이지만 문해력을 키우는 것은 하나도 어렵지 않아요. 선생님과 함께 하루에 한 가지 놀이를 하면 되니까요.

코딱지탐정
문해력 놀이 일력 365

김지영 지음

타다북스